POTPUNA KUHARICA OD ARTIČOKA

100 ukusnih recepata u slavu srca čička

Mihaela Grgić

Materijal autorskih prava ©2024

Sva prava pridržana

Nijedan dio ove knjige ne smije se koristiti ili prenositi u bilo kojem obliku ili na bilo koji način bez odgovarajućeg pisanog pristanka izdavača i vlasnika autorskih prava, osim kratkih citata korištenih u recenziji. Ovu knjigu ne treba smatrati zamjenom za medicinske, pravne ili druge stručne savjete.

SADRŽAJ

SADRŽAJ **3**
UVOD **6**
DORUČAK **7**
   1. Omlet od artičoke i svježeg sira 8
   2. Slojevi jaja i artičoke 10
   3. Jaja i artičoka Sardou 12
   4. Harissa-pirjane artičoke na tostu 14
   5. Pirjane artičoke, krumpir i jaje 16
   6. Tepsija za doručak od špinata i artičoke 18
STARTERI **21**
   7. Trgovi artičoke 22
   8. Hrskava srca od parmezana i artičoke pečena u pećnici 24
   9. Srca od artičoke sa slanutkom 26
  10. Brioš od artičoke i pesta 28
  11. Tople šalice od špinata i artičoke 30
  12. Srca artičoke i pršut 32
  13. Umak od špinata i artičoke s crostinijem ili pitom 34
  14. Umak od sušene rajčice i artičoke 36
  15. Salama i artičoka Crostini 38
  16. Odrezak od špinata i artičoke 40
  17. Pesto od artičoke bez sira 42
  18. Popečci od artičoke 44
  19. Pečeni umak od špinata i artičoka 46
  20. Dip od artičoke 48
  21. Kremasti umak od artičoke 50
  22. Ražnjići od antipasta 52
  23. Tjestenina s orašastim piletinom 54
  24. Artičoke s umakom od kopra 56
DASKE ZA MESCE **58**
  25. Ploča za španjolski tapas 59
  26. Antipasto Predjelo Ploča sa sirom 61
  27. Talijanski antipasto Platte r. 63
SENDVIČI I ZAMOTCI **65**
  28. Sendvič za doručak sa špinatom i artičokom 66
  29. Otvoreni sendvič od špinata i artičoke 68
  30. Sicilijanski prženi sir s kaparima i artičokama 70
  31. Seattle pileći sendvič 72
  32. Sir na žaru s artičokama 74
GLAVNO JELO **76**
  33. Rižoto od artičoke 77

34. Artičoka i parmezan u pečenju 80
35. Kolač od artičoke 82
36. Paella u meksičkom stilu 84
37. Torta od palente s gljivama i artičokama 86
38. Talijanska pita od artičoke 89
39. Seitan pečen u tavi s artičokama i maslinama 91
40. Talijanski Truck-Stop rižoto od artičoke 93
41. Stracchino s artičokama, limunom i maslinama 95
42. Napunjena mediteranska palenta 98

PIZZA 100
43. Pizza sa špinatom i artičokom 101
44. Artičoke i pizza s maslinama 103
45. Pita pizze od sušenih rajčica 105
46. Pesto pizza od artičoke 107
47. Four Seasons Pizza/Quattro Stagioni 109
48. Pita pizza s artičokama i pršutom 111

TJESTENINA 113
49. Party tjestenina s pršutom 114
50. Pečenje od maka i sira od špinata i artičoke 116
51. Ravioli od artičoke i oraha 118
52. Penne Paella sa špinatom i artičokama 121
53. Agnolotti s umakom od artičoke 123
54. Leptir tjestenina s jastogom i artičokama 125
55. Lazanje od tune i artičoke 127
56. Lazanje od špinata i artičoke 129
57. Njoki s gljivama i artičokama 131
58. Gratinirana tjestenina s provansalskim povrćem 133
59. Španjolski slanutak i tjestenina 135

JUHE 137
60. Kremasta juha od artičoke 138
61. Juha od limunske artičoke 140
62. Začinjena juha od artičoke 142
63. Juha od začinske artičoke 144
64. Mediteranska juha od artičoke i rajčice 146
65. Juha od artičoke i krumpira 148
66. Juha od špinata i artičoka 150
67. Juha od pečene crvene paprike i artičoka 152
68. Coconut Curry juha od artičoke 154
69. Juha od artičoke i bijelog graha 156
70. Juha od artičoke i poriluka 158
71. Kremasta juha od artičoka i sušenih rajčica 160

SALATE 162
72. Salata od artičoke i tunjevine od zrelih maslina 163
73. Talijanska zdjela za salatu od antipasta 165

74. NAPUNJENA SALATA NICOISE 167
75. SALATA OD ANTIPASTA 169
76. SALATA OD RIŽE OD RIŽE S ARTIČOKAMA, GRAŠKOM I TUNOM 171
77. TJESTENINA OD KOPRIVE S PARMEZANOM 173
78. SALATA OD CRVENOG KRUMPIRA, ŠPAROGA I ARTIČOKE 175
79. SALATA OD ZAPEČENOG SRCA OD ARTIČOKE 177

STRANE 179
80. PEČENA SRCA PALME I ARTIČOKE 180
81. ZGNJEČENE ARTIČOKE S AIOLIJEM OD LIMUNA I KOPRA 182
82. SRCA OD ARTIČOKE SA ŠUNKOM 184
83. SRCA ARTIČOKE U BIJELOM VINU I ČEŠNJAKU 186
84. SRCA ARTIČOKE PEČENA S KOZJIM SIROM 188
85. ARTIČOKE KUHANE NA PARI 190

DESERT 192
86. UŠEĆERENA SRCA ARTIČOKE 193
87. KOLAČ OD ARTIČOKA I BADEMA 195
88. TORTA OD ARTIČOKE I LIMUNA 197
89. KREMASTA PITA SA ŠPAGETIMA OD SLATKOG KRUMPIRA 199

ZAČINI 201
90. PESTO OD ARTIČOKE 202
91. TAPENADA OD ARTIČOKE 204
92. UKUS OD ARTIČOKE I SUŠENIH RAJČICA 206
93. KREMASTI AIOLI OD ARTIČOKE 208
94. CHIMICHURRI OD ARTIČOKE 210

PIĆA 212
95. VODA OD ARTIČOKE 213
96. ARTIČOKA NEGRONI 215
97. ARTIČOKA MANHATTAN 217
98. ZELENI ČAJ OD ARTIČOKE I PANDANA 219
99. DOMAĆI CYNAR 221
100. DRŽANJE ARTIČOKE 223

ZAKLJUČAK 225

UVOD

Dobrodošli u "POTPUNA KUHARICA OD ARTIČOKA", kulinarsko putovanje koje slavi srce čička. Unutar čvrstih vanjskih listova ovog skromnog povrća nalazi se riznica okusa i svestranosti koja čeka da bude istražena. U ovoj sveobuhvatnoj kuharici krećemo u gastronomsku avanturu kroz 100 ukusnih recepata, od kojih svaki prikazuje jedinstven okus i teksturu artičoke.

Stoljećima su artičoke bile cijenjene zbog svog posebnog okusa i kulinarske prilagodljivosti. Od antičke Grčke do modernih kuhinja diljem svijeta, ovo trnovito povrće zaokupilo je maštu kuhara i domaćih kuhara, nadahnjujući bezbrojna jela koja variraju od jednostavnih predjela do gurmanskih remek-djela.

Ali što artičoku izdvaja od ostalog povrća? To je način na koji poziva na kreativnost i eksperimentiranje u kuhinji, njegova sposobnost skladnog sparivanja sa širokim rasponom sastojaka i njegova neosporna privlačnost kao središnji dio jela i kao naglasak okusa. Bilo da je pečena, kuhana na pari, na žaru ili pirjana, artičoka nudi beskrajne mogućnosti za kulinarsko istraživanje.

U ovoj kuharici zaronit ćemo duboko u svijet artičoka, istražujući njihovu bogatu povijest, prehrambene prednosti i kulinarsku upotrebu. Naučit ćemo kako odabrati, pripremiti i kuhati artičoke s povjerenjem, otključavajući njihov puni potencijal u svakom jelu. I što je najvažnije, slavit ćemo srce čička u svoj njegovoj slasnoj slavi, jedan po jedan recept.

Dakle, bez obzira jeste li iskusni ljubitelj artičoka ili tek pridošlica u svijetu čička, "POTPUNA KUHARICA OD ARTIČOKA" vas poziva da nam se pridružite u kulinarskoj avanturi kao nijedna druga. Od predjela do predjela, salata do juha i svega između, otkrijmo zajedno beskrajne mogućnosti ovog izvanrednog povrća.

DORUČAK

1.Omlet od artičoke i svježeg sira

SASTOJCI:

- 3 velika jaja
- ¼ šalice svježeg sira
- ¼ šalice narezanih rotkvica
- ¼ šalice nasjeckanih srca artičoka (konzerviranih ili mariniranih)
- 2 žlice nasjeckanog svježeg začinskog bilja (kao što su peršin, vlasac ili bosiljak)
- Posolite i popaprite po ukusu
- 1 žlica maslinovog ulja

UPUTE:

a) U zdjeli umutite jaja dok se dobro ne umute. Posolite i popaprite.
b) Zagrijte maslinovo ulje u tavi koja se ne lijepi na srednje jakoj vatri.
c) Dodajte narezane rotkvice i pirjajte oko 2-3 minute dok malo ne omekšaju.
d) Dodajte nasjeckana srca artičoke u tavu i pirjajte još 1-2 minute dok se ne zagriju.
e) Ulijte tučena jaja u tavu, pazeći da ravnomjerno prekriju povrće.
f) Ostavite jaja da se neometano kuhaju nekoliko minuta dok se dno ne počne stvrdnjavati.
g) Lagano podignite rubove omleta pomoću lopatice i nagnite tavu kako bi nekuhano jaje teklo prema rubovima.
h) Na jednu polovicu omleta žlicom rasporediti svježi sir.
i) Nasjeckano začinsko bilje pospite preko svježeg sira.
j) Drugu polovicu omleta preklopite preko strane sa svježim sirom.
k) Nastavite kuhati još jednu minutu ili dok omlet ne bude pečen do željene spremnosti.
l) Omlet stavite na tanjur i po želji prerežite na pola.

2.Slojevi jaja i artičoke

SASTOJCI:
- 1 žlica ekstra djevičanskog maslinovog ulja
- 1 srednji žuti luk, nasjeckan
- 8 unci smrznutog nasjeckanog špinata
- ½ šalice osušenih rajčica, ocijeđenih i grubo nasjeckanih
- Limenka srca artičoke od 14 unci, ocijeđena i narezana na četvrtine
- 2 ½ zapakirane šalice kockica bageta
- Sol i crni papar po ukusu
- ⅔ šalice feta sira, izmrvljenog
- 8 jaja
- 1 šalica mlijeka
- 1 šalica svježeg sira
- 2 žlice nasjeckanog svježeg bosiljka
- 3 žlice ribanog parmezana

UPUTE:
a) Zagrijte pećnicu na 350 F.
b) Zagrijte maslinovo ulje u velikoj tavi od lijevanog željeza na srednje jakoj vatri. Dodajte i pirjajte luk 3 minute ili dok ne omekša.
c) Umiješajte špinat i kuhajte dok se ne odledi i ne ispusti većinu tekućine ispario. Isključite toplinu.
d) Umiješajte sušene rajčice, srca artičoke i baguette dok dobro ne prođe distribuiran. Začinite solju, crnim paprom i posipajte feta sir na vrhu; Staviti na stranu.
e) U srednjoj posudi umutite jaja, mlijeko, svježi sir i bosiljak. Ulijte smjesu preko smjese špinata i žlicom nježno tapkajte za jaje pomiješajte da se dobro rasporedi. Odozgo pospite parmezanom.
f) Premjestite tavu u pećnicu i pecite 35 do 45 minuta ili dok ne poprimi zlatnu boju smeđa na vrhu i postavljena jaja.
g) Uklonite tavu; slojeve narežite na kriške i poslužite toplo.

3.Jaja i artičoka Sardou

SASTOJCI:

ZA HOLANDSKI UMAK
- 2 velika žumanjka
- 1 ½ žlice svježeg soka od limuna
- 2 štapića neslanog maslaca
- Sol i svježe mljeveni crni papar, po ukusu

ZA JAJA
- 2 (9 unci) vrećice svježeg špinata
- 1 žlica maslinovog ulja
- 1 žličica mljevenog češnjaka
- 1/3 šalice gustog vrhnja
- Sol i svježe mljeveni crni papar, po ukusu
- 8 svježe kuhanih ili konzerviranih dna artičoka
- 2 žlice bijelog octa
- 8 jaja

UPUTE:

a) Da biste napravili umak, stavite žumanjke i limunov sok u blender. Pulsirajte nekoliko puta za miješanje.

b) Otopite maslac u staklenoj posudi u mikrovalnoj pećnici, pazeći da ne zavrije. Postupno ulijevajte maslac u smjesu od jaja i miksajte dok ne nastane zgusnuti, kremasti umak. Posolite i popaprite.

c) Za izradu jaja pripremite špinat tako da ga pirjate na maslinovom ulju u tavi uz miješanje dok ne uvene i ostane svijetlo zelen. Umiješajte vrhnje, začinite solju i paprom i ostavite na toplom.

d) Zagrijte dno artičoke i držite na toplom.

e) Napunite tavu ili plitki lonac s 2 ½ inča vode. Dodajte ocat i zagrijte na srednje vruće.

f) Jedno po jedno, razbijte 4 jaja u malu šalicu i nježno ih ulijte u vodu. Kuhajte jaja dok ne narastu do vrha tekućine, a zatim ih okrećite žlicom. Kuhajte dok se bjelanjci ne stvrdnu, a žumanjci još tekući. Izvadite šupljikavom žlicom i osušite papirnatim ručnicima. Ponovite s preostalim jajima.

g) Žlicom rasporedite porciju špinata na svaki od 4 tanjura. Stavite 2 dna artičoke na svaki tanjur na vrh špinata i stavite jaje na svaku artičoku.

h) Preko svega prelijte žlicom holandski umak i odmah poslužite.

4. Harissa-pirjane artičoke na tostu

SASTOJCI:
- 2 konzerve (14 oz. svaka) srca artičoke, ocijeđena i isprana
- 1/3 šalice blage harise
- 1 1/2 žlice tamno smeđeg šećera
- 1 žlica soja umaka
- 1/2 šalice vode
- 1/2 šalice temeljca od povrća
- 3 žlice maslinovog ulja
- 1/3 šalice krušnih mrvica
- Mala šaka svježeg peršina i kopra, grubo nasjeckanog
- 1/4 šalice humusa po izboru
- 2 kriške kruha od cjelovitog zrna

UPUTE:
a) Započnite rezanjem srca artičoke na pola. Staviti na stranu.
b) U zdjeli pjenasto izmiješajte harissu, šećer, sojin umak, vodu i temeljac od povrća. Nemojte dodavati sol jer će slanost iz srca artičoke biti dovoljna.
c) Stavite tavu za pečenje na srednju temperaturu i dodajte 1 žlicu maslinovog ulja. Dodajte krušne mrvice i tostirajte nekoliko minuta dok ne porumene. Ostavite ih sa strane i obrišite tavu.
d) Ponovno stavite tavu na srednju vatru i dodajte preostale 2 žlice maslinovog ulja. Pržite srca artičoka u serijama dok obje strane ne porumene, otprilike 2-3 minute po strani. Nakon što se pougljeni po vašem ukusu, dodajte sva srca artičoke u tavu u ravnomjernom sloju.
e) Ulijte juhu od harise i pustite da prokuha. Protresite tavu nekoliko puta i žlicom prelijte umak preko svakog srca artičoke da se ravnomjerno prekriju. Pustite da lagano kuha i reducira uz povremeno miješanje oko 5-7 minuta ili dok se umak ne reducira na pola i osjetno zgusne.
f) Maknite tavu s vatre i po vrhu pospite krušnim mrvicama.
g) Tostirajte dvije kriške kruha, a zatim svaku namažite s 2 žlice humusa.
h) Srca artičoke stavite visoko na tost i pospite peršinom i koprom. Poslužite toplo. U ovom tostu najbolje se uživa uz pomoć noža i vilice.
i) Uživajte u ovim divnim Harissa pirjanim artičokama na tostu u stilu noža i vilice!

5. Pirjane artičoke, krumpir i jaje

SASTOJCI:
- 6 žlica ekstra djevičanskog maslinovog ulja
- 1 mali luk, vrlo sitno narezan
- 200 g voštanog krumpira, oguljenog ili neoguljenog, narezanog na ploške
- 200 g konzerviranih srca artičoka, ocijeđenih
- 2 zgnječena češnja češnjaka
- ¼ žličice čili pahuljica (prilagodite prema želji)
- 2-4 jaja (ovisi o apetitu)
- 1 žlica nasjeckanog plosnatog peršina

metoda:
a) Zagrijte 4 žlice maslinovog ulja u velikoj tavi na srednje jakoj vatri.
b) U tavu dodajte sitno narezani luk i ploške krumpira.
c) Pržite 12-15 minuta, odnosno dok krumpir ne omekša i ne porumeni.
d) U tavu dodajte ocijeđena srca artičoke, protisnuti češnjak, čili pahuljice i začine.
e) Kuhajte još 2 minute uz povremeno miješanje.
f) U drugoj tavi zagrijte preostalo maslinovo ulje.
g) Pržite jaja dok ne budu pečena, pazeći da vrućim uljem prelijete žumanjke kako bi se skuhali.
h) U krumpir i artičoke umiješajte nasjeckani peršin te po potrebi dodatno začinite.
i) Poslužite pirjane artičoke i krumpir s pečenim jajima na vrhu.

6.Tepsija za doručak od špinata i artičoke

SASTOJCI:
- 8-10 kriški slanine bez nitrata
- 2 srednja slatka krumpira, oguljena i narezana na tanke kolutiće
- 1 srednja glavica luka, nasjeckana
- 3-4 češnja češnjaka sitno nasjeckana
- Morska sol, po ukusu (za povrće)
- 10 oz svježeg mladog špinata, nasjeckanog
- 14 oz limenke srca artičoke, ocijeđena i nasjeckana
- 12 velikih jaja, pašnjački uzgoj
- 1/2 šalice kokosovog mlijeka, punomasnog (iz limenke)
- 3 žlice hranjivog kvasca (po želji, za okus)
- 1/2 žličice morske soli
- 1/4 žličice crnog papra
- 1/4 žličice luka u prahu (po želji)

UPUTE:
a) Unaprijed zagrijte pećnicu na 400°F i namastite posudu za pečenje 9x13" kokosovim uljem.
b) Okrugove batata prelijte masnoćom po želji i morskom soli po ukusu, pa ih rasporedite (preklapajući jer će se nakon pečenja smanjiti) po dnu vatrostalne posude, a po želji i po stijenkama.
c) Stavite vatrostalnu posudu sa slatkim krumpirom u prethodno zagrijanu pećnicu i pecite dok ne omekšaju i počnu dobivati svijetlosmeđu boju, oko 25-30 minuta.
d) U međuvremenu zagrijte veliku tavu na srednje jakoj vatri i dodajte ploške slanine. Kuhajte dok ne postane hrskavo, po potrebi pržite u serijama. Ocijediti na papirnatim ubrusima. Odbacite (ili sačuvajte za drugu upotrebu) sve osim 1 žlice topljene slanine.
e) Pojačajte vatru na srednju i dodajte luk u tavu. Kuhajte dok ne postane prozirno, zatim dodajte češnjak i kuhajte još 30 sekundi.
f) Dodajte sav špinat i pospite morskom soli. Pustite da uvene, zatim dodajte nasjeckana srca artičoke i kuhajte uz miješanje da se zagriju. Maknite s vatre.
g) U velikoj zdjeli ili mjernoj posudi izmiješajte jaja, kokosovo mlijeko, sol, papar, luk u prahu i prehrambeni kvasac (ako koristite), dok ne postane vrlo glatko.

h) Za sastavljanje složenca, rasporedite smjesu špinata i artičoka preko kuhane kore slatkog krumpira, ostavljajući višak vode u tavi. Izmrvite slaninu preko povrća, a zatim ravnomjerno prelijte smjesu od jaja.
i) Pecite u prethodno zagrijanoj pećnici 22-25 minuta ili dok se smjesa jaja ne stegne u sredini i počne napuhnuti. Izbjegavajte prekuhavanje ili dopuštanje da porumeni.
j) Ostavite lonac da odstoji 10 minuta prije rezanja i posluživanja. Također ga možete ohladiti ili zamrznuti da biste ga kasnije podgrijali. Uživati!

STARTERI

7.Trgovi artičoke

SASTOJCI:
- 2 (6 unca) staklenke srca artičoke (marinirane)
- 2 žlice maslinovog ulja
- 1 manja glavica žutog luka sitno nasjeckana
- 1 režanj češnjaka, samljeven
- 4 jaja
- 1/4 šalice krušnih mrvica bez glutena (ili običnih ako niste na bezglutenskoj dijeti)
- 1/8 žličice crnog papra
- 1/8 žličice sušenog origana
- 1/8 žličice umaka od ljute crvene paprike, po želji
- 8 unci (2 šalice) sira (ovdje se koristi kombinacija cheddara i švicarskog sira)

UPUTE:
a) Zagrijte pećnicu na 350 stupnjeva F (175 stupnjeva C).
b) Srca artičoke ocijedite i sitno nasjeckajte. Ako koristite srca artičoke marinirana u ulju, ostavite 2 žlice ulja.
c) Zagrijte 2 žlice sačuvanog ulja ili 2 žlice maslinovog ulja u maloj tavi na umjerenoj vatri. Dodajte nasjeckani luk i češnjak i kuhajte uz često miješanje dok ne omekšaju oko 5 minuta. Dodajte nasjeckana srca artičoke i pirjajte s lukom i češnjakom još jednu minutu. Maknite s vatre i ostavite da se ohladi oko 5 minuta.
d) U srednjoj posudi istucite jaja dok ne postanu pjenasta. Umiješajte krušne mrvice, crni papar, sušeni origano, umak od ljute crvene paprike (ako koristite), sir i pirjanu mješavinu artičoka, luka i češnjaka. Izlijte smjesu u podmazanu tepsiju veličine 9x9 inča.
e) Pecite 30 minuta ili dok lagano ne porumene.
f) Pustite da se ohladi 10 minuta, zatim izrežite na 9 kvadrata od 3 inča ako se poslužuje kao glavno jelo ili 27 kvadrata od 1 inča ako se poslužuje kao predjelo.
g) Čuvajte dobro poklopljeno i u hladnjaku do 3 dana.
h) Uživajte u ovim ukusnim i svestranim kvadratićima artičoke!

8. Hrskava srca od parmezana i artičoke pečena u pećnici

SASTOJCI:
- 2 konzerve (svaka po 14 unci) srca artičoke, ocijeđena i osušena tapkanjem
- 2 jaja, istučena
- 1/2 šalice panko ili običnih krušnih mrvica
- 1/2 šalice parmezana, sitno naribanog
- 1 žličica luka u prahu
- 1 žlica talijanskog začina
- 1 žličica morske soli
- 1 žličica crnog papra
- Marinara umak za umakanje

UPUTE:
a) Zagrijte pećnicu na 425°F (220°C).
b) Lim za pečenje obložite papirom za pečenje i poprskajte ga sprejom za kuhanje kako bi se papir za pečenje bolje zalijepio.
c) Ocijedite srca artičoke i osušite ih papirnatim ručnikom. Ostavite ih sa strane.
d) U zdjeli umutite razmućena jaja. U posebnoj zdjeli pomiješajte krušne mrvice, parmezan, luk u prahu, talijanske začine, sol i papar.
e) Jedno po jedno, svako srce artičoke ubacite u smjesu od jaja, a zatim ih temeljito premažite smjesom od krušnih mrvica. Stavite obloženo srce artičoke na pripremljeni lim za pečenje. Ponavljajte dok sva srca artičoke ne budu premazana.
f) Ako koristite pećnicu: pecite srca artičoke 18-20 minuta, okrećući ih na pola vremena pečenja kako biste osigurali ravnomjernu hrskavost.
g) Poslužite hrskava srca artičoke od parmezana s marinara umakom za umakanje.
h) Uživajte u ovim slasnim hrskavim srcima artičoke kao divnom predjelu ili međuobroku!

9.Srca od artičoke sa slanutkom

SASTOJCI:
- 4 velika ili 8 malih srca artičoke
- 1 glavica luka, nasjeckana u obliku polumjeseca
- 1 mrkva, oguljena i narezana na kockice
- 1 šalica kuhanog slanutka
- Sok od 1 limuna
- 4-5 žlica maslinovog ulja
- 2 šalice vode
- 1 žličica šećera
- 1 žličica soli
- 1 žličica brašna
- Nasjeckani peršin za ukras

UPUTE:
a) Zagrijte maslinovo ulje u loncu širokog dna na srednje jakoj vatri. Dodajte nasjeckani luk i pirjajte dok ne postane proziran.
b) U lonac dodajte mrkvu narezanu na kockice i nastavite kuhati dok ne počne omekšavati.
c) U lonac posložite srca artičoka.
d) U zdjeli pomiješajte brašno, sol, šećer, limunov sok i 2 šalice vode da dobijete smjesu.
e) Ulijte smjesu u lonac preko artičoka.
f) Poklopiti i kuhati na laganoj vatri dok artičoke ne omekšaju. Ako se voda tijekom kuhanja previše smanji, po potrebi možete dodati 1 šalicu kipuće vode.
g) Nakon što artičoke omekšaju, dodajte kuhani slanutak u lonac i kuhajte još nekoliko minuta.
h) Maknite s vatre i ostavite da se malo ohladi.
i) Srca artičoke napunite mješavinom slanutka, mrkve i luka. Napunjene artičoke prelijte tekućinom od kuhanja.
j) Prije posluživanja ukrasite nasjeckanim peršinom.

10. Brioš od artičoke i pesta

SASTOJCI:
- 4 šalice brašna za kruh
- ⅓ šalice šećera
- 1 žličica soli
- 1 paketić instant kvasca
- 1 šalica tople vode
- 3 velika jaja
- ½ šalice neslanog maslaca, otopljenog
- 1 šalica nasjeckanih mariniranih srca artičoka
- ¼ šalice pesto umaka

UPUTE:
a) Otopite kvasac u toploj vodi i ostavite da odstoji 5 minuta.
b) Pomiješajte brašno, šećer i sol. Dodajte smjesu s kvascem, jaja i otopljeni maslac. Mijesiti dok ne postane glatko.
c) Nježno umiješajte nasjeckana srca marinirane artičoke i pesto umak.
d) Ostavite da se diže, razvaljajte tijesto, ravnomjerno rasporedite pesto i artičoke, a zatim zarolajte u cjepanicu.
e) Izrežite na kolutiće, stavite u lim za pečenje i ostavite da se ponovno digne.
f) Pecite na 350°F (175°C) 20-25 minuta.

11.Tople šalice od špinata i artičoke

SASTOJCI:
- 24 Wonton omota
- 1 limenka (14 oz.) srca artičoke, ocijeđena, sitno nasjeckana
- 1 šalica KRAFT naribanog sira Mozzarella
- 1 pakiranje. (10 oz.) smrznutog nasjeckanog špinata, odmrznutog, ocijeđenog i suhog
- 1/3 šalice KRAFT majoneze sa smanjenim udjelom masnoće od maslinovog ulja
- 1/3 šalice KRAFT ribanog parmezana
- 1/4 šalice sitno nasjeckane crvene paprike
- 2 češnja češnjaka, mljevena

UPUTE:
a) ZAGRIJTE pećnicu na 350
b) STAVITE 1 Wonton omot u svaku od 24 šalice za mini muffine poprskane sprejom za kuhanje, tako da rubovi omota prelaze preko vrha šalice. Pecite 5 min. U međuvremenu pomiješajte preostale sastojke.
c) ŽLICOM STANITE mješavinu artičoka u Wonton šalice.
d) PECI 12 do 14 min. ili dok se punjenje ne zagrije i rubovi šalica ne porumene.

12. Srca artičoke i pršut

SASTOJCI:
- 14 unci Limenka srca artičoke, ocijeđena
- ⅓ funte pršuta, tanko narezanog na papir
- ¼ šalice maslinovog ulja
- ½ žličice osušene majčine dušice
- ½ žličice sitno naribane korice naranče
- Svježe mljeveni papar

UPUTE:
a) Svako srce artičoke zamotajte u krišku pršuta i učvrstite čačkalicom.
b) U posebnoj zdjeli pomiješajte maslinovo ulje, majčinu dušicu, narančinu koricu i papar.
c) Poslužite na sobnoj temperaturi.

13. Umak od špinata i artičoke s crostinijem ili pitom

SASTOJCI:
- 1 šalica smrznutog špinata, odmrznutog i ocijeđenog
- 1 šalica konzerviranih srca artičoka, ocijeđenih i nasjeckanih
- 8 unci krem sira, omekšalog
- 1/2 šalice kiselog vrhnja
- 1/2 šalice majoneze
- 1/2 šalice ribanog parmezana
- 1/2 šalice naribanog mozzarella sira
- 2 češnja češnjaka, mljevena
- 1/2 žličice soli
- 1/4 žličice crnog papra
- Baguette ili pita kruh
- Maslinovo ulje
- Sol

UPUTE:
a) Zagrijte pećnicu na 350°F (175°C).
b) U velikoj zdjeli za miješanje pomiješajte odmrznuti i ocijeđeni špinat, nasjeckana srca artičoke, krem sir, kiselo vrhnje, majonezu, parmezan sir, mozzarella sir, mljeveni češnjak, sol i crni papar. Dobro izmiješajte dok se svi sastojci ujednače.
c) Smjesu prebacite u posudu za pečenje i ravnomjerno rasporedite.
d) Pecite u prethodno zagrijanoj pećnici oko 20-25 minuta ili dok umak ne postane vruć i mjehurić.
e) Dok se umak peče, pripremite crostini ili pita čips. Za crostine narežite baguette na tanke ploške. Kriške premažite maslinovim uljem i pospite solju. Stavite ih na lim za pečenje i pecite u pećnici oko 10 minuta ili dok ne porumene i postanu hrskavi.
f) Za pita čips, narežite pita kruh na kriške, premažite ih maslinovim uljem i pospite solju. Pecite ih u pećnici oko 10-12 minuta ili dok ne postanu hrskavi.
g) Izvadite umak od špinata i artičoka iz pećnice i ostavite da se ohladi nekoliko minuta.
h) Umak poslužite topao s pripremljenim crostinima ili pita čipsom.

14.Umak od sušene rajčice i artičoke

SASTOJCI:
- 1 šalica osušenih rajčica, pakiranih u ulju
- 1 konzerva srca artičoke, ocijeđena i nasjeckana
- 1 šalica krem sira, omekšalog
- ½ šalice majoneze
- ½ šalice kiselog vrhnja
- ½ šalice parmezana, naribanog
- 2 češnja češnjaka, mljevena
- Posolite i popaprite po ukusu

UPUTE:
a) Zagrijte pećnicu na 375°F (190°C).
b) Ocijedite sušene rajčice i nasjeckajte ih na sitne komadiće.
c) U velikoj zdjeli pomiješajte sušene rajčice, srca artičoke, krem sir, majonezu, kiselo vrhnje, parmezan, češnjak, sol i papar.
d) Premjestite smjesu u posudu za pečenje i pecite 20-25 minuta, ili dok nije vruća i mjehurićasta.
e) Poslužite s krekerima, kruhom ili povrćem za umakanje.

15. Salama i artičoka Crostini

SASTOJCI:
- 1 baget izrezan na kriške od ¼ inča
- maslinovo ulje
- 2 šalice ricotta sira
- 10 tankih ploški salame narezati na četvrtine
- 12 unca može marinirati nasjeckana srca artičoke
- sol i papar po ukusu

UPUTE:
a) Postavite pećnicu na 425 stupnjeva Fahrenheita.
b) Koristite silikonske podloge za pečenje ili papir za pečenje da obložite lim za pečenje.
c) Premažite tankim slojem maslinovog ulja svaku krišku kruha prije nego što je stavite na lim za pečenje.
d) Pecite kruh u pećnici oko 5 minuta dok se lijepo ne zapeče.
e) Izvadite iz pećnice i potpuno ohladite.
f) Svaku krišku kruha namažite ricotta sirom, začinite solju i paprom, a zatim na vrh stavite salamu i nasjeckana srca artičoke.

16.Odrezak od špinata i artičoke

SASTOJCI:
- 1 funta bočni odrezak
- 15,5 unci može srca artičoke, ocijeđena i nasjeckana
- 2 šalice mladog špinata, nasjeckanog
- 2 češnja češnjaka, mljevena
- 1 šalica ricotte
- ½ šalice nasjeckanog bijelog cheddara
- košer soli
- Svježe mljeveni crni papar

UPUTE:
a) Zagrijte pećnicu na 350°. Na dasci za rezanje isecite leptir odrezak tako da bude dugačak pravokutnik koji leži ravno.
b) U srednjoj zdjeli pomiješajte artičoke, špinat, češnjak, ricottu i cheddar te obilno začinite solju i paprom.
c) Odrezak namažite umakom od špinata i artičoka. Čvrsto smotajte odrezak, zatim ga narežite na krugove i pecite dok odrezak ne bude pečen do željene pečenosti, 23 do 25 minuta za srednje pečenje. Poslužite s prelivenim zelenilom.

17. Pesto od artičoke bez sira

SASTOJCI:
- 2 šalice svježih listova bosiljka
- 2 žlice izmrvljenog feta sira
- ¼ šalice svježe naribanog parmezana ¼ šalice tostiranih pinjola
- 1 srce artičoke, grubo nasjeckano
- 2 žlice nasjeckane rajčice sušene na ulju
- ½ šalice ekstra djevičanskog maslinovog ulja
- 1 prstohvat soli i crnog papra po ukusu

UPUTE:
a) U veliki procesor hrane dodajte sve sastojke osim ulja i začina i miješajte dok se ne sjedine.
b) Dok motor radi polako, dodajte ulje i miješajte dok ne postane glatko.
c) Začinite solju i crnim paprom i poslužite.

18. Popečci od artičoke

SASTOJCI:
- ½ funte srca artičoke, kuhana i narezana na kockice
- 4 jaja, odvojena
- 1 žličica praška za pecivo
- 3 zelena luka, nasjeckana
- 1 žlica naribane kore limuna
- ½ šalice brašna
- Posolite i popaprite po ukusu
- 1 žlica kukuruznog škroba
- 4 šalice ulja za prženje, ulja od kikirikija ili kukuruza

UPUTE:
a) Srca artičoke stavite u veliku zdjelu i umiješajte žumanjke i prašak za pecivo.
b) Dodajte zeleni luk. Ubacite limunovu koricu. Umiješajte brašno, sol i papar.
c) U posebnoj zdjeli istucite bjelanjke i kukuruzni škrob dok ne dobijete vrhove. Bjelanjke umiješajte u smjesu od artičoka.
d) Žlicom ubacite komadiće tijesta za popečke u ulje.
e) Pržite dok ne porumene
f) Popečke vadite šupljikavom žlicom i ocijedite na papirnatim ručnicima.

19. Pečeni umak od špinata i artičoka

SASTOJCI:
- 14 unce mogu artičoka srca, ocijeđeno i nasjeckana
- 10 unce smrznute nasjeckana špinat odmrznuti
- 1 kupa stvaran majoneza
- 1 kupa naribana Parmezan sir
- 1 češnjak češanj pritisnut

UPUTE:
a) odmrzavanje smrznuti špinat zatim iscijediti to suha s tvoje ruke.
b) Promiješati zajedno: ocijeđeno i nasjeckana artičoka, stisnut špinat, 1 kupa majoneza, ¾ kupa Parmezan sir, 1 pritisnut češnjak češanj, i prijenos do a 1 litra tepsija ili pita jelo.
c) Posipati na preostalo ¼ kupa Parmezan sir.
d) Peći nepokrivena za 25 minuta na 350°F ili do zagrijana kroz. Poslužiti s tvoje omiljeni crostini, čips, ili krekeri.

20. Dip od artičoke

SASTOJCI:
- 2 šalice od artičoka srca, nasjeckana
- 1 kupa majoneza ili svjetlo majoneza
- 1 kupa isjeckan Parmezan

UPUTE:
a) Kombinirati svi Sastojci, i mjesto the smjesa u a podmazan pečenje jelo. Peći za 30 minuta na 350 °F.
b) Peći the umočiti do to je lagano posmeđene i šampanjac na vrh.

21.Kremasti umak od artičoke

SASTOJCI:
- 2 x 8 unce paketi od krema sir, soba temp
- ⅓ kupa kiselo krema
- ¼ kupa majoneza
- 1 jušna žlica limun sok
- 1 jušna žlica Dijon senf
- 1 češnjak češanj
- 1 čajna žličica Worcestershire umak
- ½ čajna žličica vruće papar umak
- 3 x 6 unce staklenke od mariniran artičoka srca, ocijeđeno i nasjeckana
- 1 kupa naribana mozzarella sir
- 3 mladi luk
- 2 čajna žličica mljeveno jalapeño

UPUTE:
a) Korištenje an električni mikser pobijediti the prvi 8 sastojaka u a veliki zdjela do pomiješan. Presavijte u artičoke, mozzarella, mladi luk, i jalapeño.
b) Prijenos do a pečenje jelo.
c) Prethodno zagrijte the pećnica do 400 °F.
d) Peći umočiti do mjehurićima i smeđa na vrh- oko 20 minuta.

22.Ražnjići od antipasta

SASTOJCI:
- Kriške salame, presavijene
- Cherry rajčice
- Kuglice svježe mozzarelle
- Marinirana srca artičoke
- Masline (zelene ili crne)
- Listovi bosiljka
- Balsamic glazura
- Sol
- Papar

UPUTE:
a) Na svaki ražnjić nanižite jednu presavijenu krišku salame, jednu cherry rajčicu, jednu kuglicu mozzarelle, jedno srce artičoke, jednu maslinu i jedan list bosiljka.
b) Ponavljajte dok se svi ražnjići ne sastave.
c) Prelijte glazurom od balzama i začinite solju i paprom po ukusu.

23.Tjestenina s orašastim piletinom

SASTOJCI:
- 6 kriški slanine
- 1 (6 oz) staklenka mariniranih srca artičoka, ocijeđena
- 10 šparoga, krajeve odrezati i grubo nasjeckati
- 1/2 (16 oz) pakiranja rotinija, lakta ili pennea
- 1 kuhana pileća prsa, kockice tjestenine
- 1/4 C. suhe brusnice
- 3 žlice nemasne majoneze
- 1/4 C. pržene narezane bademe
- 3 žlice balzamičnog vinaigrette preljeva za salatu
- sol i papar po ukusu
- 2 žličice soka od limuna
- 1 žličica Worcestershire umaka

UPUTE:
a) Stavite veliku tavu na srednje jaku vatru. U njemu kuhajte slaninu dok ne postane hrskava. Uklonite ga od viška masnoće. Izmrvite ga i stavite sa strane.
b) Skuhajte tjesteninu prema uputama na pakiranju.
c) Uzmite malu zdjelu za miješanje: u njoj pomiješajte majonezu, balzamični vinaigrette, limunov sok i Worcestershire umak. Dobro ih izmiješajte.
d) Uzmite veliku zdjelu za miješanje: u nju ubacite tjesteninu s preljevom. Dodajte artičoke, piletinu, brusnice, bademe, izmrvljenu slaninu i šparoge, prstohvat soli i papra.
e) Dobro ih promiješajte. Ohladite salatu u hladnjaku 1 h 10 min pa je poslužite.

24. Artičoke s umakom od kopra

SASTOJCI:
- 12 malih artičoka
- Posolite po ukusu
- Sok od 2 limuna
- 3 žlice maslinovog ulja
- 1 žlica Dijon senfa
- ¼ šalice svježeg kopra, sitno nasjeckanog
- Svježe mljeveni crni papar po ukusu

UPUTE:
a) Artičoke očistite tako da ih potopite u vodu i mijenjate vodu dok nakon namakanja ne ostane bistra. Skinite vanjske listove artičoke.
b) Kuhinjskim škarama odrežite vrhove preostalih listova artičoke tako da vrh artičoke bude jednake visine. Uklonite trnastu prigušnicu iz sredine. U ovoj fazi, artičoka bi trebala nalikovati cvijetu.
c) Stavite artičoke u veliki lonac, dodajte malo soli, prelijte vodom i pustite da zavrije na srednje jakoj vatri. Kad artičoke počnu kuhati, smanjite temperaturu na srednju i nastavite kuhati dok ne omekšaju.
d) Ocijedite artičoke i stavite ih na mali pladanj za posluživanje. U blender stavite sok od limuna, maslinovo ulje, dijon senf i kopar. Pomiješajte u vinaigrette i začinite solju i paprom po ukusu. Artičoke prelijte dressingom.
e) Poslužite toplo ili na sobnoj temperaturi.

DASKE ZA MESCE

25. Ploča za španjolski tapas

SASTOJCI:
- Narezano suhomesnato meso (kao što je chorizo, Serrano šunka ili salama)
- Manchego sir, narezan
- Marinirane masline
- Marinirana srca artičoke
- Pečene crvene paprike
- Španjolska tortilja (omlet od krumpira i jaja, narezan na male komadiće)
- Kriške kruha ili bageta
- Namaz od rajčice i češnjaka (kao što je preljev za bruskete od rajčice)
- španjolski bademi ili drugi orašasti plodovi

UPUTE:
a) Narezane suhomesnate proizvode složite na veliku dasku ili pladanj za posluživanje.
b) Uz meso stavite narezani Manchego sir.
c) Na dasku u posebne grozdove složite marinirane masline, srca marinirane artičoke i pečenu crvenu papriku.
d) Na dasku dodajte narezanu španjolsku tortilju.
e) Stavite kriške kruha ili baguette pored ostalih sastojaka.
f) Namaz od rajčice i češnjaka poslužite u zdjelici uz dasku.
g) Pospite španjolske bademe ili druge orašaste plodove po dasci za dodatnu hrskavost.
h) Poslužite i uživajte!

26. Antipasto Predjelo Ploča sa sirom

SASTOJCI:
- Razni suhomesnati proizvodi (kao što su pršut, salama ili capicola)
- Razni sirevi (kao što su mozzarella, provolone ili Asiago)
- Marinirana srca artičoke
- Marinirane masline
- Pečene crvene paprike
- Grilano ili marinirano povrće (kao što su tikvice ili patlidžan)
- Razni kruh ili grisini
- Balsamic glazura ili redukcija za prelijevanje
- Svježi bosiljak ili peršin za ukras

UPUTE:
a) Rasporedite razne suhomesnate proizvode na veliku dasku ili pladanj za posluživanje.
b) Uz meso stavite razne sireve.
c) Na dasku dodajte marinirana srca artičoka, marinirane masline i pečenu crvenu papriku.
d) Uključite grilano ili marinirano povrće za dodatni okus i raznolikost.
e) Gostima ponudite raznoliki kruh ili grisine u kojima će uživati uz meso i sireve.
f) Prelijte balzamičnu glazuru ili redukciju preko sastojaka za pikantan i sladak dodir.
g) Ukrasite svježim bosiljkom ili peršinom za dodatnu svježinu i vizualnu privlačnost.
h) Poslužite i uživajte!

27. Talijanski antipasto Platter

SASTOJCI:
- Narezani pršut
- Narezana Soppressata
- Narezana mortadela
- Marinirana srca artičoke
- Marinirana pečena crvena paprika
- Sušene rajčice
- Bocconcini (male kuglice mozzarelle)
- Grisini
- Grisini (grusini umotani u pršut)
- Strugotine parmezana
- Balsamic glazura (za prelijevanje)

UPUTE:
a) Složite pladanj ili dasku.
b) Na pladanj stavite narezano meso, po želji ih zarolajte.
c) Na pladanj dodajte marinirana srca artičoka, pečenu crvenu papriku i sušene rajčice.
d) Na pladanj stavite bocconcinije i grisine.
e) Pospite strugotine parmezana po plitici.
f) Preko sastojaka prelijte balzam glazuru.
g) Poslužite i uživajte!

SENDVIČI I ZAMOTCI

28.Sendvič za doručak sa špinatom i artičokom

SASTOJCI:
- 1 žličica maslinovog ulja
- 1 šalica mladog lišća špinata
- 1/4 šalice srca artičoke, grubo nasjeckane
- 4 bjelanjka istučena
- 1 kriška mozzarella sira
- 2 peciva od cjelovitog zrna pšenice ili engleska muffina (prepečena po želji)

UPUTE:
a) U velikoj tavi zagrijte maslinovo ulje na srednje jakoj vatri.
b) Kad se zagrije, dodajte listove mladog špinata i nasjeckana srca artičoka. Kuhajte dok špinat ne uvene pa smjesu izvadite iz tave i ostavite sa strane.
c) U istu tavu dodajte tučene bjelanjke i miksajte dok ne skuhaju.
d) Umućene bjelanjke ravnomjerno podijelite između donjih polovica peciva od cjelovitog zrna ili engleskih muffina.
e) Na snijeg od bjelanjaka žlicom stavljajte kuhanu mješavinu špinata i artičoka.
f) Na svaki sendvič stavite polovicu kriške sira mozzarelle.
g) Sastavljene sendviče vratite u tavu i poklopite da se sir otopi, oko 30 sekundi.
h) Prekrijte svaki sendvič drugom polovicom peciva od cjelovitog zrna ili engleskog muffina.
i) Poslužite i uživajte u svom ukusnom sendviču za doručak od špinata i artičoke!
j) Napomena: po želji možete tostirati kiflice od cjelovitog zrna ili engleske muffine prije sastavljanja sendviča.

29. Otvoreni sendvič od špinata i artičoke

SASTOJCI:
- 1 engleski muffin
- 1 šalica nasjeckanog smrznutog špinata, odmrznutog
- 1 ½ šalice nasjeckanih smrznutih srca artičoka, odmrznutih
- 6 unci krem sira, na sobnoj temperaturi
- ¼ šalice kiselog vrhnja
- ¼ šalice majoneze
- ⅓ šalice ribanog parmezana
- ½ žličice pahuljica crvene paprike
- ¼ žličice soli
- ¼ žličice češnjaka u prahu
- ½ šalice naribanog mozzarella sira
- Narezani vlasac

UPUTE:
a) Prethodno zagrijte svog brojlera na visoku razinu.
b) Nasjeckani špinat i srca artičoke kuhajte u 1 šalici vode dok ne omekšaju, zatim ih temeljito ocijedite.
c) U zdjeli za miješanje pomiješajte ocijeđeni špinat i artičoke sa krem sirom, kiselim vrhnjem, majonezom, naribanim parmezanom, listićima crvene paprike, soli i češnjakom u prahu. Miješajte dok se svi sastojci dobro ne sjedine.
d) Engleski muffin prerežite na pola i polovice poslažite na lim za pečenje.
e) Žlicom ravnomjerno rasporedite smjesu špinata i artičoka na svaku polovicu engleskog muffina.
f) Po vrhu smjese pospite naribani sir mozzarella.
g) Stavite lim za pečenje ispod pečenja i kuhajte dok se sir ne otopi i postane pjenušav, što obično traje samo nekoliko minuta. Pažljivo ga pazite da ne zagori.
h) Izvadite iz pećenice i ukrasite nasjeckanim vlascem.
i) Poslužite svoj ukusni engleski muffin sa špinatom i artičokama dok je vruć i uživajte!

30.Sicilijanski prženi sir s kaparima i artičokama

SASTOJCI:
- 5 mariniranih srca artičoka, narezanih na ploške
- 4 debele kriške seoskog kruha, slatkog ili kiselog
- 12 unci provolonea, mozzarelle, manourija ili drugog blagog i topljivog sira, naribanog
- 2 žlice ekstra djevičanskog maslinovog ulja
- 4 češnja češnjaka, vrlo tanko narezana ili nasjeckana
- Oko 2 žlice crvenog vinskog octa
- 1 žlica kapara u salamuri, ocijeđenih
- 1 žličica izmrvljenog sušenog origana
- Nekoliko mljevenja crnog papra
- 2 žličice nasjeckanog svježeg peršina

UPUTE:
a) Prethodno zagrijte brojlere.
b) Rasporedite artičoke po kruhu i stavite u lim za pečenje, a zatim pospite sirom.
c) U teškoj neljepljivoj tavi zagrijte maslinovo ulje na srednje jakoj vatri, zatim dodajte češnjak i lagano zapržite. Dodajte vinski ocat, kapare, origano i crni papar i kuhajte minutu ili dvije, ili dok se tekućina ne smanji na oko 2 žličice.
d) Umiješajte peršin. Žlicom prelijte kruh preliven sirom.
e) Pecite dok se sir ne rastopi, ne zabubri i ne dobije zlatnu boju na točkicama. Jedite odmah.

31. Seattle pileći sendvič

SASTOJCI:

- 6 kriški talijanskog kruha
- ⅓ šalice pesta od bosiljka
- 3 unce narezanog pršuta, po želji
- 1 (14 unci) konzerva srca artičoke, ocijeđena i narezana
- 1 (7 unci) staklenka pečene crvene paprike, ocijeđene i narezane na trakice
- 12 unci kuhane piletine, izrezane na trakice
- 4-6 unci nasjeckanog provolone sira

UPUTE:

a) Prije nego bilo što učinite, zagrijte pećnicu na 450 F.
b) Jednu stranu svake kriške kruha premažite pestom.
c) Rasporedite kriške pršuta, zatim kriške artičoke, trakice crvene paprike i trakice piletine preko kriški kruha.
d) Položite 6 komada folije preko daske za rezanje. Svaki sendvič nježno stavite u komad folije, a zatim ga omotajte oko nje.
e) Stavite ih na lim za pečenje pa ih pecite u pećnici 9 minuta.
f) Odbacite komade folije i stavite otvorene sendviče natrag na pladanj.
g) Preko njih pospite nasjeckani sir. Pecite sendviče u pećnici dodatne 4 minute.
h) Poslužite svoje sendviče vruće s omiljenim dodacima.
i) Uživati.

32.Sir na žaru s artičokama

SASTOJCI:
- 2 žličice Dijon senf
- 8 unci Sendvič rolnice, (4 rolnice) isječene i prepečene
- ¾ unce Kriške nemasnog američkog sira, (8 kriški)
- 1 šalica Narežite ocijeđena srca artičoka iz konzerve
- 1 Rajčica, narezana na ¼ inča debljine
- 2 žlice Talijanski preljev bez ulja

UPUTE:
a) Položite ½ žličice senfa na gornju polovicu svakog koluta; Staviti na stranu.
b) Donje polovice kiflica stavite na lim za pečenje.
c) Na vrh svake stavite 2 kriške sira, ¼ šalice narezane artičoke i 2 kriške rajčice; pokapajte svaku s 1-½ žličice preljeva.
d) Pecite 2 minute ili dok se sir ne otopi. Pokrijte vrhovima rolata.

GLAVNO JELO

33. Rižoto od artičoke

SASTOJCI:

- 2 Globus artičoke
- 2 žlice maslac na biljnoj bazi
- 1 Limun
- 2 žlice Maslinovo ulje
- 1 Portobello gljiva
- 2½ šalice temeljac od povrća
- 1 luk; mljeveno
- 1 šalica Suho bijelo vino
- 2 Češnjak; mljeveno
- Sol i papar; okusiti
- 1 šalica Arborio riža
- 1 velika žlica Peršin; mljeveno

UPUTE:
PRIPREMITE ARTIČOKE:

a) Počnite s pripremom artičoka. Odrežite gornju trećinu svake artičoke i uklonite sve čvrste vanjske listove. Odrežite stabljiku, ostavljajući oko centimetar netaknutim.

b) Oštrim nožem ili gulilicom povrća odrežite čvrsti vanjski sloj stabljike.

c) Artičoke prerežite po dužini na pola i žlicom izdubite čok (središte). Artičoke odmah stavite u zdjelu s vodom pomiješanom s limunovim sokom kako biste spriječili da porumene.

d) Gljivu Portobello narežite na četvrtine, a zatim svaku četvrtinu tanko narežite. Nasjeckajte peršin i režnjeve češnjaka.

KUHANJE RIŽOTA:

e) U loncu zagrijte povrtni temeljac na srednje jakoj vatri dok ne zavrije. U zasebnoj velikoj tavi ili pećnici zagrijte maslinovo ulje i biljni maslac na srednje jakoj vatri. Dodajte nasjeckani luk i češnjak, kuhajte dok ne omekšaju i ne zamirišu, oko 2-3 minute.

f) Umiješajte Arborio rižu, premažite je mješavinom ulja i maslaca. Kuhajte još 1-2 minute, pustite da se riža malo prepeče.

g) Ulijte suho bijelo vino uz stalno miješanje dok riža uglavnom ne upije tekućinu.

h) Počnite riži dodavati kuhani temeljac od povrća, jednu po jednu žlicu, uz često miješanje. Pustite da riža upije svako dodavanje temeljca prije dodavanja još. Nastavite s ovim postupkom dok riža ne postane kremasta i mekana, ali još uvijek malo čvrsta na zalogaj, oko 20-25 minuta.

i) Kad je rižoto gotovo kuhan, umiješajte ostavljene artičoke, narezane gljive i nasjeckani peršin. Kuhajte dodatne 2-3 minute, ili dok se artičoke i gljive ne zagriju i omekšaju.

j) Rižoto posolite i popaprite po ukusu. Po želji iscijedite preostalu polovicu limuna preko rižota kako biste dodali svijetli, citrusni okus.

k) Poslužite rižoto od artičoka vruć, po želji ukrašen dodatno mljevenim peršinom.

34. Artičoka i parmezan u pečenju

SASTOJCI:
- 1 list lisnatog tijesta, odmrznut
- 1 šalica nasjeckanih srca artičoka
- ½ šalice ribanog parmezana
- ½ šalice krem sira, omekšalog
- 2 žlice majoneze
- 1 žlica svježeg soka od limuna
- 2 češnja češnjaka, mljevena
- Sol i papar, po ukusu
- 1 jaje, tučeno (za pranje jaja)

UPUTE:
a) Zagrijte pećnicu na 400°F (200°C).
b) Lisnato tijesto razvaljajte na pobrašnjenoj površini u pravokutnik.
c) U zdjeli pomiješajte nasjeckana srca artičoka, ribani parmezan, krem sir, majonezu, svježi limunov sok, mljeveni češnjak, sol i papar. Uvjerite se da su sastojci dobro pomiješani.
d) Mješavinu artičoke i parmezana ravnomjerno rasporedite po lisnatom tijestu, ostavljajući mali obrub oko rubova.
e) Pažljivo zarolajte lisnato tijesto, počevši od jedne od dužih strana. Zalijepite rubove nježnim pritiskom.
f) Stavite zarolanu artičoku i parmezan En Croute sa šavom prema dolje na lim za pečenje. Premažite cijelu površinu razmućenim jajetom za zlatnu boju.
g) Oštrim nožem lagano zarežite vrh tijesta kako bi para izašla tijekom pečenja.
h) Pecite u prethodno zagrijanoj pećnici 20-25 minuta ili dok tijesto ne porumeni i ne napuhne.
i) Ostavite en croute da se ohladi nekoliko minuta prije rezanja. Poslužite toplo kao predjelo ili ukusan prilog.

35.Kolač od artičoke

SASTOJCI:

- 1 slijepo pečena kora za pitu u 10 žljebova; d
- 1 posuda za tart
- 2 žlice maslinovog ulja
- 1 unca pancete; julienned
- ½ šalice mljevenog luka
- 2 žlice mljevene ljutike
- 6 unci julienned artičoke srca
- 1 žlica mljevenog češnjaka
- ¼ šalice gustog vrhnja
- 3 žlice šifonade svježeg bosiljka
- 1 sok od jednog limuna
- ½ šalice ribanog sira Parmigiano-Reggiano
- ½ šalice ribanog asiago sira
- 1 sol; okusiti
- 1 svježe mljeveni crni papar; okusiti
- 1 šalica umaka od začinske rajčice; toplo
- 1 žlica chiffonade bosiljka
- 2 žlice ribanog parmezana

UPUTE:

a) Zagrijte pećnicu na 350 stupnjeva.
b) U tavi zagrijte maslinovo ulje.
c) Pirjajte pancetu 1 minutu.
d) Dodajte luk i ljutiku i pirjajte 2 do 3 minute.
e) Dodajte srca i češnjak i nastavite pirjati 2 minute.
f) Dodajte vrhnje. Posolite i popaprite. Umiješajte bosiljak i limunov sok.
g) Maknite s vatre i ohladite. Raširite smjesu artičoka po dnu kalupa za tart. Po smjesi pospite sir.
h) Pecite 15 do 20 minuta ili dok se sirevi ne otope i ne porumene. U sredinu tanjura žlicom stavite malo umaka. Stavite krišku tarta u sredinu umaka.
i) Ukrasite naribanim sirom i bosiljkom.

36.Paella u meksičkom stilu

SASTOJCI:
- 1 cijelo pile brojler, izrezano
- 2 češnja češnjaka
- ¼ šalice ulja
- 1 funta sirovih škampa
- 4 velike rajčice, narezane na ploške
- 1 funta graška
- 12 srca artičoke
- 1 ½ šalice smeđe riže
- 6 niti šafrana
- 1 šalica luka narezanog na kockice
- 1 zelena paprika, narezana na kockice
- 1 crvena paprika, narezana na kockice
- 1 žličica paprike
- 1 šalica bijelog vina
- 2 šalice vode

UPUTE:
a) Na ulju zažutite piletinu i češnjak. Nakon što porumene, izvadite komade piletine u veliku vatrostalnu posudu.
b) Dodajte škampe, narezane rajčice, grašak i srca artičoka u vatrostalnu posudu.
c) Na istom ulju na kojem ste pržili piletinu pirjajte smeđu rižu, šafran, luk narezan na kockice te zelenu i crvenu papriku narezanu na kockice oko 7 minuta.
d) Dodajte pirjanu rižu i povrće u vatrostalnu posudu. Preko sastojaka pospite papriku.
e) Ulijte bijelo vino i vodu.
f) Pecite vatrostalnu posudu nepokrivenu na 350 stupnjeva Fahrenheita oko 1 sat ili dok riža nije potpuno kuhana.

37. Torta od palente s gljivama i artičokama

SASTOJCI:

- 2 šalice gljiva; narezan na kriške
- 1 šalica tikvica; tanko narezan
- 1 šalica žute tikve; tanko narezan
- ½ šalice zelenog luka; tanko narezan
- ¼ šalice suhog crnog vina
- 1 šalica rajčice; usitnjena sjemena
- ½ žličice češnjaka u prahu
- ¼ žličice luka u prahu
- 1 limenka (14 unci) srca artičoke; ocijediti i krupno nasjeckati
- 1 pakiranje (10 unci) smrznutog nasjeckanog špinata; odmrznuti, ocijediti i osušiti
- 1 šalica ricotta sira bez masnoće
- ½ šalice (2 unce) djelomično obranog sira mozzarella; isjeckan
- ¼ šalice (1 unca) svježeg parmezana; naribana
- 3 velika bjelanjka; lagano tučen
- 1 veliko jaje
- 1¼ šalice palente
- ½ šalice crvene paprike; nasjeckana
- ¼ šalice svježeg peršina; nasjeckana
- 1 žličica origana; suho
- ¾ žličice soli
- ½ žličice bosiljka; suho
- ¼ žličice papra
- 4 šalice vode
- ¼ šalice (1 unca) svježeg parmezana; naribana
- Sprej za kuhanje

UPUTE:

a) Za pripremu nadjeva od špinata: Zagrijte pećnicu na 350 0 F. Pomiješajte prvih pet sastojaka u velikoj tavi koja se ne lijepi; dobro promiješati. Kuhajte na srednje jakoj vatri 7 minuta ili dok povrće ne omekša i tekućina gotovo ne ispari.

b) Žlicom u posudu; umiješajte nasjeckanu rajčicu, češnjak u prahu, luk u prahu, artičoke i špinat. Pomiješajte preostale sastojke u maloj posudi; dobro promiješati. Dodajte smjesi gljiva; dobro promiješati. Staviti na stranu.

c) Za pripremu palente sa začinskim biljem: Pomiješajte prvih 7 sastojaka u velikom loncu.
d) Postupno dodavati vodu uz stalno miješanje pjenjačom. Zakuhajte; smanjite toplinu na srednju. Kuhajte, 15 minuta, često miješajući. Umiješajte parmezan. Žlicom stavljajte palentu u tepsiju od 10 inča, premazanu sprejom za kuhanje, ravnomjerno rasporedite.
e) Za dovršetak recepta: Nadjenite nadjev od špinata preko začinske palente. Na vrh stavite 1 šalicu (¼ inča debljine) kriški rajčice; pospite s ½ šalice (2 unce) nasjeckanog, djelomično obranog sira mozzarella. Stavite posudu na lim za pečenje.
f) Pecite, nepokriveno, na 350 stupnjeva F 1 sat ili dok se ne stegne.
g) Pustite da se ohladi na rešetki 10 minuta. Izrežite na 8 kriški i poslužite s umakom za špagete s niskim sadržajem natrija.

38. Talijanska pita od artičoke

SASTOJCI:

- 3 jaja; pretučen
- 1 Pakiranje krem sira od 3 oz s vlascem; Omekšao
- ¾ žličice Češnjak u prahu
- ¼ žličice Papar
- 1½ šalice Mozzarella sir, dio obranog mlijeka; Isjeckan
- 1 šalica Ricotta sir
- ½ šalice Majoneza
- 1 Srca artičoke mogu od 14 oz; Ocijeđeno
- ½ 15 Oz može Garbanzo grah, konzervirano; Isprati i ocijediti
- 1 2 1/4 oz limenke narezanih maslina; Ocijeđeno
- 1 2 Oz Jar Pimientos; Narezano na kockice i ocijeđeno
- 2 žlice Peršin; Odrezano
- 1 Kora za pitu (9 inča); Nepečen
- 2 mala rajčice; Narezan na kriške

UPUTE:

a) Pomiješajte jaja, krem sir, češnjak u prahu i papar u velikoj posudi za miješanje. Pomiješajte 1 šalicu mozzarella sira, ricotta sira i majoneze u zdjeli za miješanje.
b) Miješajte dok se sve dobro ne sjedini.
c) Prerežite 2 srca artičoke na pola i ostavite ih sa strane. Ostatak srca nasjeckajte.
d) U smjesu sira pomiješajte nasjeckana srca, garbanzo grah, masline, pimientos i peršin. Smjesom napunite kalup za tijesto.
e) Pecite 30 minuta na 350 stupnjeva. Odozgo treba posuti preostali sir mozzarella i parmezan.
f) Pecite još 15 minuta ili dok se ne stegne.
g) Ostavite da se odmori 10 minuta.
h) Po vrhu posložite kriške rajčice i srca artičoka narezana na četvrtine.

39. Seitan pečen u tavi s artičokama i maslinama

SASTOJCI:

- 2 žlice maslinovog ulja
- 1 funta seitana, domaćeg ili kupovnog, narezanog na kriške od 1/4 inča
- 2 režnja češnjaka, mljevena
- 1 (14,5 unci) limenka rajčice narezane na kockice, ocijeđene
- 1 1/2 šalice konzerviranih ili smrznutih (kuhanih) srca artičoka, izrezanih na kriške od 1/4 inča
- 1 žlica kapara
- 2 žlice nasjeckanog svježeg peršina
- Sol i svježe mljeveni crni papar
- 1 šalica tofu fete (po želji)

UPUTE:

a) Zagrijte pećnicu na 250°F. U velikoj tavi zagrijte 1 žlicu ulja na srednje jakoj vatri. Dodajte seitan i zapržite s obje strane, oko 5 minuta.

b) Prebacite seitan na pladanj otporan na toplinu i držite ga na toplom u pećnici.

c) U istoj tavi zagrijte preostalu 1 žlicu ulja na srednje jakoj vatri. Dodajte češnjak i kuhajte dok ne zamiriše, oko 30 sekundi.

d) Dodajte rajčice, srca artičoke, masline, kapare i peršin. Začinite solju i paprom po ukusu i kuhajte dok ne zagrije, oko 5 minuta. Staviti na stranu.

e) Stavite seitan na pladanj za posluživanje, prelijte ga mješavinom povrća i pospite tofu fetom, ako koristite. Poslužite odmah.

40. Talijanski Truck-Stop rižoto od artičoke

SASTOJCI:
- 2 žlice maslinovog ulja
- 1 1/2 šalice smrznutih srca artičoka, odmrznutih i nasjeckanih
- 2 režnja češnjaka, mljevena
- 1 1/2 šalice Arborio riže
- 1/2 šalice suhog bijelog vina
- 4 1/2 šalice vruće juhe od povrća, domaće (vidi Lagana juha od povrća) ili kupljene u trgovini Sol i svježe mljeveni crni papar
- 1/4 šalice nasjeckanog svježeg bosiljka

UPUTE:
a) U velikom loncu zagrijte ulje na srednje jakoj vatri.
b) Dodajte srca artičoke i češnjak. Poklopite i kuhajte dok ne omekšaju, 5 minuta. Dodajte rižu i promiješajte da se pokrije uljem.
c) Dodajte vino i lagano miješajte dok tekućina ne upije.
d) Dodajte juhu 1 šalicu u isto vrijeme, miješajući dok se tekućina ne upije prije svakog dodavanja. Posoliti i popapriti po ukusu.
e) Pirjajte dok riža ne omekša i postane kremasta. Dodajte bosiljak i kušajte, po potrebi prilagodite začine. Poslužite odmah.

41. Stracchino s artičokama, limunom i maslinama

SASTOJCI:
ZA ARTIČOKE
- 1 limun
- 4 unce malih artičoka (2 do 3 artičoke)
- 1 žlica ekstra djevičanskog maslinovog ulja
- 1 žlica tanko narezanog lišća svježeg talijanskog peršina
- 1 veliki češanj češnjaka, sitno nasjeckan

ZA PIZZU
- 1 krug tijesta za pizzu
- 1 žlica ekstra djevičanskog maslinovog ulja
- Košer soli
- 2 unce Stracchina, natrganog na male komadiće
- 1/2 unce niske vlažnosti mozzarelle, izrezane na 1/2 inčne kockice
- 1 unca Taggiasche ili Niçoise maslina bez koštica
- 1 žličica tanko narezanog lišća svježeg talijanskog peršina
- 1 limun
- Režanj parmigiano-reggiana, za ribanje
- 1/2 šalice slobodno pakirane rikule (po mogućnosti divlje rikule)

UPUTE:
a) Za pripremu artičoka napunite veliku zdjelu vodom. Prerežite limun na pola, iscijedite sok u vodu i polovice limuna ubacite u vodu.

b) Uklonite vanjske listove s artičoka sve dok ne ostanete samo sa svijetlozelenim središtem. Odrežite čvrste krajeve stabljike, ostavljajući čak 1 do 2 inča pričvršćene. Gulilicom za povrće ili malim oštrim nožem obrijte stabljike artičoke, otkrivajući svijetlozelene unutarnje stabljike. Odrežite 1/2 inča do 3/4 inča od vrhova listova tako da imaju ravne vrhove i odbacite sve obrezane listove i dijelove.

c) Zarežite iznad dna kako biste oslobodili sve listove, razmotajte listove i stavite ih u zakiseljenu vodu da ne porumene. Stabljike tanko narežite i dodajte u zakiseljenu vodu. Za pripremu artičoka unaprijed, prebacite ih, zajedno s zakiseljenom vodom, u hermetički zatvorenu posudu i stavite u hladnjak dok ih ne budete spremni za upotrebu ili do dva dana. Ocijedite listove i stabljike. Osušite zdjelu i vratite artičoke u zdjelu. Dodajte maslinovo ulje, peršin i češnjak i promiješajte da se artičoke prekriju začinima.

d) Za pripremu pizze pripremite i razvucite tijesto te zagrijte pećnicu.

e) Rub tijesta premažite maslinovim uljem i posolite cijelu površinu. Pospite listove artičoke po površini pizze da pokriju, ostavljajući rub pizze od 1 inča bez preljeva. Pospite stracchino, mozzarellu i masline preko listova artičoke. Gurnite pizzu u pećnicu i pecite dok se sir ne otopi, a korica ne postane zlatnosmeđa i hrskava, 8 do 12 minuta. Izvadite pizzu iz pećnice i narežite je na četvrtine.
f) Po pizzi pospite peršin i mikroplanom ili nekom drugom sitnom ribežom naribajte koricu limuna po površini.
g) Preko pizze naribajte lagani sloj Parmigiano-Reggiano, pospite rikulu po vrhu i poslužite.

42. Napunjena mediteranska palenta

SASTOJCI:

- 1 šalica palente
- 4 šalice juhe od povrća
- 2 žlice maslinovog ulja
- 1 glavica luka sitno nasjeckana
- 2 češnja češnjaka, mljevena
- 1 konzerva (400g) rajčice narezane na kockice, ocijeđene
- 1 šalica nasjeckanih srca artičoka
- ½ šalice Kalamata maslina, narezanih
- 1 žličica sušenog origana
- 1 žličica sušenog bosiljka
- Posolite i popaprite po ukusu
- ½ šalice feta sira, izmrvljenog (po želji, za ukras)
- Svježi peršin, nasjeckani (za ukras)

UPUTE:

a) U srednje velikoj tavi zakuhajte juhu od povrća. Polako umiješajte palentu, neprestano miješajući da ne budu grudice.
b) Smanjite vatru i pirjajte uz često miješanje dok palenta ne postane gusta i kremasta (slijedite upute na pakiranju).
c) U zasebnoj tavi zagrijte maslinovo ulje na srednje jakoj vatri. Dodajte sitno nasjeckani luk i pirjajte dok ne postane proziran.
d) Dodajte mljeveni češnjak u tavu i pirjajte još 1-2 minute.
e) Umiješajte ocijeđene rajčice narezane na kockice, nasjeckana srca artičoka, narezane masline Kalamata, sušeni origano, sušeni bosiljak, sol i papar. Kuhajte 5-7 minuta dok se smjesa ne zagrije.
f) Prelijte mediteransku mješavinu povrća preko palente, lagano miješajući da se sjedini.
g) Po želji prije posluživanja pospite izmrvljenim feta sirom i svježim peršinom.

PIZZA

43. Pizza sa špinatom i artičokom

SASTOJCI:

- 1 konzerva bijelog graha
- ¼ šalice vode
- 2 žlice prehrambenog kvasca
- ½ šalice indijskih oraščića
- 1 žlica svježeg soka od limuna
- 1 glavica luka nasjeckana
- 5 šalica svježeg špinata
- 2 češnja češnjaka, mljevena
- 1 limenka srca artičoke, ocijeđena
- sol
- crni papar
- pahuljice crvene paprike
- 2 prethodno pripremljena tijesta za pizzu
- ½ šalice mozzarella sira

UPUTE:

a) Zagrijte pećnicu na 350 °F.
b) Bijeli grah iz konzerve operite i ocijedite te zajedno s indijskim oraščićima, limunovim sokom, vodom i hranjivim kvascem stavite u blender. Ako želite malo olakšati svoj blender, prije upotrebe ih možete potopiti u vodu 4-6 sati. Staviti sa strane.
c) Zagrijte malo ulja u velikoj tavi i pirjajte luk oko 3 minute dok ne postane proziran. Nakon 2 minute dodajte češnjak. Zatim dodajte 2 šalice špinata i kuhajte još 3 minute. Umiješajte mješavinu bijelog graha i indijskih oraščića. Začinite solju, paprom i listićima crvene paprike.
d) Ravnomjerno rasporedite po tijestu za pizzu. Srca artičoke narežite na četvrtine i zajedno s preostalim špinatom stavite na pizzu. Pospite sirom.
e) Pecite pizzu 8 minuta ili pogledajte upute na pakiranju.

44. Artičoke i pizza s maslinama

SASTOJCI:
- 12-inčna prethodno pečena kora za pizzu
- ½ šalice pesta
- 1 zrela rajčica, nasjeckana
- ½ šalice nasjeckane zelene paprike
- Limenka od 2 unce nasjeckanih crnih maslina, ocijeđenih
- ½ crvenog luka, nasjeckanog
- Limenka srca artičoke od 4 unce, ocijeđena i narezana
- 1 šalica izmrvljenog sira

UPUTE:
a) Postavite pećnicu na 450 stupnjeva F prije bilo čega drugog.
b) Stavite tijesto na kalup za pizzu.
c) Ravnomjerno stavite tanki sloj pesta preko kore i na vrh stavite povrće i sir.
d) Pospite pizzu sirom i pecite sve u pećnici oko 8-10 minuta.

45. Pita pizze od sušenih rajčica

SASTOJCI:
- 8 unci sušene rajčice
- ⅛ žličice umaka od ljutih papričica
- 4 Pita kruha
- 1½ šalice sira Fontina; usitniti
- 7oz limenke srca artičoke; ocijediti i narezati
- ⅓ šalice narezanih zrelih maslina
- 2 žličice osušenog bosiljka
- Češnjak, prešani

UPUTE:
a) Zagrijte lim za pečenje u pećnici na 450°. Ocijedite ulje iz mariniranih rajčica u malu zdjelu; ostaviti sa strane rajčice. Umak od češnjaka i ljutih papričica pomiješajte s uljem.
b) Premažite obje strane kruha. Prekrijte kruh polovicom sira.
c) Rasporedite rajčice, artičoke, masline i začinsko bilje preko sira, podijelivši na jednake dijelove. Prelijte preostalim sirom; stavite na lim za pečenje.
d) Pecite 8 do 10 minuta dok kruh ne postane hrskav.

46. Pesto pizza od artičoke

SASTOJCI:

- 1 pripremljena kora za pizzu
- ¼ šalice pesto umaka
- 6 oz. pileća prsa na žaru, narezana
- 1 (6 oz.) staklenki narezanih na četvrtine mariniranih srca artičoka, ocijeđenih
- 1/3 šalice sušene rajčice upakirane u ulju, ocijeđene i nasjeckane
- 2 oz. češnjak i začinski kozji sir
- 1 ½ šalice nasjeckanog sira za pizzu, pomiješajte pečeno maslinovo ulje s okusom češnjaka, za premazivanje kore

UPUTE:

a) Postavite pećnicu na 400 stupnjeva F prije bilo čega drugog
b) Ravnomjerno premažite koru uljem od češnjaka i na vrh stavite pesto, zatim piletinu, artičoke, rajčice, kozji sir i sir.
c) Pecite u pećnici oko 10 minuta.
d) Izvadite iz pećnice i uživajte vruće.

47. Four Seasons Pizza/Quattro Stagioni

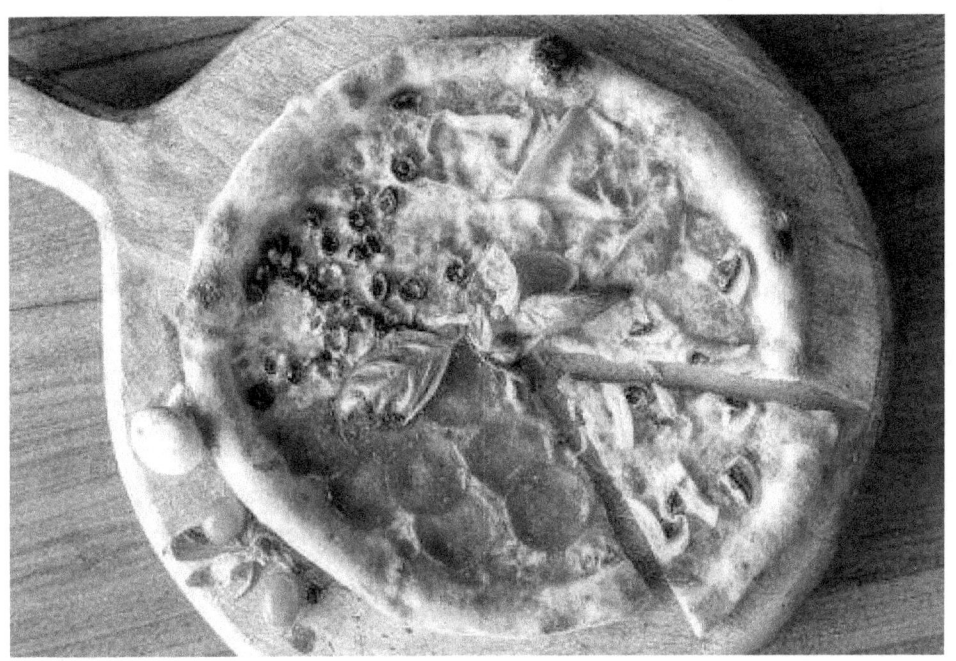

SASTOJCI:
- 1 recept za tradicionalno talijansko osnovno tijesto
- Mozzarella, 6 unci, narezana
- Pršut, 3 unce, narezan
- Shiitake gljiva, jedna šalica, narezana
- Masline, ½ šalice, narezane na kriške
- Umak za pizzu, pola šalice
- Srca artičoke narezana na četvrtine, jedna šalica
- Naribana parmigiana, 2 unce

UPUTE:
a) Oblikujte tijesto u krug promjera 14 inča. Učinite to držeći rubove i pažljivo okrećući i razvlačeći tijesto.
b) Premažite tijesto umakom za pizzu.
c) Po vrhu ravnomjerno rasporedite kriške mozzarelle.
d) Kasnije srca artičoke, pršut, gljive i masline u četiri četvrtine pizze.
e) Po vrhu pospite naribanu parmigianu.
f) Grill/Pecite 18 minuta.

48. Pita pizza s artičokama i pršutom

SASTOJCI:
- Nasjeckana srca artičoke
- Crveni luk narezan na ploške
- Naribani mozzarella sir, jedna šalica
- Svježi bosiljak, za ukras
- Pršut
- Umak od pečene crvene paprike, jedna šalica
- Parmezan sir, pola šalice, naribani
- Pečene crvene paprike

UPUTE:
a) Zagrijte pećnicu na 450 stupnjeva Fahrenheita.
b) Svaku pitu lagano premažite maslinovim uljem s obje strane.
c) Nanesite umak od crvene paprike i narezanu mozzarellu na vrh svake pite.
d) Prelijte solju, parmezanom i još sitno nasjeckanih dodataka.
e) Pecite 5 minuta i poslužite ukrašeno svježim bosiljkom.

TJESTENINA

49.Party tjestenina s pršutom

SASTOJCI:
- 1 paket (12 unci) fettuccina od špinata
- ½ šalice maslaca; podijeljena
- 2 šalice Tanke trakice pršuta; (oko ⅓ funte)
- 5½ šalice vrhnja za šlag
- 1 limenka (14 unci) srca artičoke; ocijediti i prepoloviti
- ½ šalice nasjeckanog svježeg ili smrznutog vlasca

UPUTE:
a) Skuhajte tjesteninu prema uputama na pakiranju; odvoditi. Otopite ¼ šalice maslaca u nizozemskoj pećnici na srednje jakoj vatri.
b) Dodajte pršut; pirjajte dok ne porumene. Ocijediti.
c) Staviti na stranu.
d) Otopite preostalih ¼ šalice maslaca u nizozemskoj pećnici na srednje jakoj vatri. Dodajte kuhanu tjesteninu, vrhnje za šlag, srca artičoke i ¼ šalice vlasca; lagano bacati.
e) Prebacite na tanjur za posluživanje; pospite pršutom i preostalim vlascem.
f) Poslužite odmah.

50.Pečenje od maka i sira od špinata i artičoke

SASTOJCI:

- 6 žlica slanog maslaca, sobne temperature
- 1 (1 funta) kutija kratko rezane tjestenine, poput makarona
- 2 šalice punomasnog mlijeka
- 1 (8 unci) pakiranje krem sira, narezanog na kockice
- 3 šalice nasjeckanog oštrog cheddar sira
- Košer sol i svježe mljeveni papar
- Mljeveni kajenski papar
- 2 šalice upakiranog svježeg mladog špinata, nasjeckanog
- 1 staklenka (8 unci) mariniranih artičoka, ocijeđenih i grubo nasjeckanih
- 1½ šalice mljevenih Ritz krekera (otprilike 1 omotač)
- ¾ žličice češnjaka u prahu

UPUTE:

a) Zagrijte pećnicu na 375°F. Namastite posudu za pečenje 9 × 13 inča.

b) U velikom loncu zakuhajte 4 šalice posoljene vode na jakoj vatri. Dodajte tjesteninu i kuhajte uz povremeno miješanje 8 minuta. Umiješajte mlijeko i krem sir i kuhajte dok se krem sir ne otopi i tjestenina bude al dente, još oko 5 minuta.

c) Maknite tavu s vatre i umiješajte 2 šalice cheddara i 3 žlice maslaca. Začinite solju, paprom i kajenskom paprikom. Umiješajte špinat i artičoke. Ako vam se čini da je umak pregust, dodajte ¼ šalice mlijeka ili vode da ga razrijedite.

d) Prebacite smjesu u pripremljenu posudu za pečenje. Prelijte preostalom 1 šalicom cheddara.

e) U srednjoj zdjeli pomiješajte krekere, preostale 3 žlice maslaca i češnjak u prahu. Ravnomjerno pospite mrvice po macu i siru.

f) Pecite dok umak ne zabubi, a mrvice ne poprime zlatnu boju oko 20 minuta. Pustite da se ohladi 5 minuta i poslužite. Čuvajte sve ostatke u hladnjaku u hermetički zatvorenoj posudi do 3 dana.

51.Ravioli od artičoke i oraha

SASTOJCI:
- ⅓ šalice plus 2 žlice maslinovog ulja
- 3 češnja češnjaka, mljevena
- 1 (10 unci) paket smrznutog špinata, odmrznutog i ocijeđenog suhog
- 1 šalica smrznutih srca artičoka, odmrznuta i nasjeckana
- $1/3$ šalice čvrstog tofua, ocijeđenog i izmrvljenog
- 1 šalica prženih komadića oraha
- $1/4$ šalice čvrsto zbijenog svježeg peršina
- Sol i svježe mljeveni crni papar
- 1 tijesto za tjesteninu bez jaja
- 12 svježih listova kadulje

UPUTE:

a) U velikoj tavi zagrijte 2 žlice ulja na srednje jakoj vatri. Dodajte češnjak, špinat i srca artičoke. Poklopite i kuhajte dok češnjak ne omekša i ne upije tekućinu, oko 3 minute, povremeno miješajući. Smjesu prebacite u multipraktik. Dodajte tofu, 1/4 šalice oraha, peršin te sol i papar po ukusu. Obradite dok ne postane mljeveno i temeljito izmiješano.

b) Ostaviti sa strane da se ohladi.

c) Za izradu raviola razvaljajte tijesto vrlo tanko (oko 1/8 inča) na lagano pobrašnjenoj površini i izrežite ga na trake širine 2 inča. Stavite 1 punu čajnu žličicu nadjeva na traku tjestenine, oko 1 inč od vrha. Stavite još jednu žličicu nadjeva na traku tjestenine, oko 1 inč ispod prve žlice nadjeva. Ponovite duž cijele trake tijesta.

d) Lagano namočite rubove tijesta vodom i stavite drugu traku tjestenine na prvu tako da prekrijete nadjev.

e) Pritisnite dva sloja tijesta zajedno između dijelova nadjeva. Nožem odrežite strane tijesta da bude ravno, a zatim zarežite tijesto između svakog brda nadjeva kako biste napravili četvrtaste raviole. Zupcima vilice pritisnite duž rubova tijesta kako biste zatvorili raviole. Prebacite raviole na pobrašnjen tanjur i ponovite s preostalim tijestom i nadjevom.

f) Kuhajte raviole u velikom loncu kipuće slane vode dok ne isplivaju na vrh, oko 7 minuta. Dobro ocijedite i ostavite sa strane. U velikoj tavi zagrijte preostalih 1/3 šalice ulja na srednje jakoj vatri. Dodajte kadulju i preostalih ¾ šalice oraha i kuhajte dok kadulja ne postane hrskava, a orasi ne zamirišu.

g) Dodajte kuhane raviole i lagano miješajući kuhajte da se oblože umakom i zagriju. Poslužite odmah.

52. Penne Paella sa špinatom i artičokama

SASTOJCI:

- 8 unci penne tjestenine
- 1 konzerva srca artičoke, ocijeđena i nasjeckana
- 2 šalice svježeg špinata
- 1 glavica luka sitno nasjeckana
- 2 češnja češnjaka, mljevena
- 1 crvena paprika, narezana na kockice
- 1 žličica dimljene paprike
- ½ žličice šafrana (po želji)
- 2 šalice juhe od povrća
- Posolite i popaprite po ukusu
- Maslinovo ulje za kuhanje
- Naribani parmezan za ukras

UPUTE:

a) Skuhajte penne tjesteninu prema uputama na pakiranju. Ocijedite i ostavite sa strane.
b) U velikoj tavi zagrijte maslinovo ulje na srednje jakoj vatri. Dodajte luk, češnjak i papriku. Pirjajte dok povrće ne omekša.
c) Umiješajte dimljenu papriku i niti šafrana (ako koristite).
d) U tavu dodajte srca artičoke i svježi špinat. Kuhajte dok špinat ne uvene.
e) Ulijte juhu od povrća i pustite da lagano kuha nekoliko minuta.
f) Dodajte kuhanu penne tjesteninu i miješajte dok se dobro ne prekrije. Posolite i popaprite.
g) Prije posluživanja ukrasite naribanim parmezanom.

53. Agnolotti s umakom od artičoke

SASTOJCI:

ZA UMAK:
- 1 paket (9 unci) smrznutih srca artičoka, odmrznutih i nasjeckanih
- 1 šalica smrznutog graška (nemojte odmrzavati)
- 1 šalica pola-pola
- 1 češanj češnjaka, zdrobljen
- ⅛ žličice pahuljica crvene paprike
- 1 žličica sitno naribane korice limuna
- 2 žličice svježeg soka od limuna
- Sol

ZA TJEsteninu:
- 1 funta ohlađenih agnolotti sa sirom (ili raviola)
- 1 šalica ribanog parmezana
- ¼ šalice svježeg lišća bosiljka, nasjeckanog

UPUTE:

ZA UMAK:

a) Pomiješajte artičoke, pola-pola, češnjak, ljuskice crvene paprike i ¼ žličice soli u vakumirano zatvorenoj vrećici.

b) Postavite svoj Sous Vide aparat na 165F/73.8C i stavite vrećicu u vodenu kupelj na 30 minuta.

ZA TJEsteninu:

c) Dok se umak kuha, zakuhajte lonac vode i dodajte agnolotte. Ocijedite tjesteninu, ali ostavite ½ vode od tjestenine.

d) Zagrijte tavu na srednjoj vatri, a kada je umak gotov u Sous Vide aparatu, izvadite vrećicu iz vode i izlijte sadržaj u tavu. Dodajte tjesteninu i ½ šalice vode za tjesteninu i promiješajte da se prekrije.

e) Zatim dodajte parmezan i promiješajte. Poslužite preliveno nasjeckanim bosiljkom.

54. Leptir tjestenina s jastogom i artičokama

SASTOJCI:

- 8 unci leptir tjestenine
- 2 repa jastoga, kuhana i odstranjena
- 1 šalica srca artičoke, ocijeđena i nasjeckana
- 2 žlice maslaca
- 2 češnja češnjaka, mljevena
- ½ šalice pileće ili povrtne juhe
- ½ šalice gustog vrhnja
- ¼ šalice ribanog parmezana
- 1 žlica svježeg soka od limuna
- Posolite i popaprite po ukusu
- Svježi peršin, nasjeckani (za ukras)

UPUTE:

a) Skuhajte leptir tjesteninu prema uputama na pakiranju dok ne bude al dente. Ocijedite i ostavite sa strane.

b) U velikoj tavi otopite maslac na srednjoj vatri. Dodajte nasjeckani češnjak i pirjajte oko minutu dok ne zamiriše.

c) Dodajte srca artičoke u tavu i kuhajte 2-3 minute, povremeno miješajući.

d) Dodajte meso jastoga u tavu i kuhajte još 2 minute, lagano miješajući da se poveže s artičokama.

e) Ulijte pileću ili povrtnu juhu i pustite da lagano kuha. Pustite da kuha nekoliko minuta dok se juha malo ne reducira.

f) Smanjite vatru na nisku i umiješajte vrhnje, parmezan i limunov sok. Začinite solju i paprom po ukusu. Lagano kuhajte 3-4 minute, dopuštajući da se okusi stope.

g) Dodajte kuhanu leptir tjesteninu u tavu i sve zajedno miješajte dok tjestenina nije dobro obložena umakom.

h) Maknite s vatre i ukrasite nasjeckanim peršinom.

i) Leptir tjesteninu s jastogom i artičokama poslužite odmah, dok je još vruća. Možete ga popratiti prilogom salate ili hrskavim kruhom.

55. Lazanje od tune i artičoke

SASTOJCI:

- 9 rezanaca za lazanje
- 2 konzerve tunjevine, ocijeđene i narezane na listiće
- 1 šalica nasjeckanih srca artičoka (konzerviranih ili smrznutih)
- ½ šalice nasjeckanih crnih maslina
- ½ šalice nasjeckanih osušenih rajčica
- 1 šalica ricotta sira
- 1 šalica naribanog mozzarella sira
- ½ šalice ribanog parmezana
- 2 šalice marinara umaka
- 1 žličica sušenog bosiljka
- Posolite i popaprite po ukusu

UPUTE:

a) Zagrijte pećnicu na 375°F (190°C) i lagano namastite posudu za pečenje 9x13 inča.
b) Skuhajte rezance za lazanje prema uputama na pakiranju. Ocijedite i ostavite sa strane.
c) U zdjeli za miješanje pomiješajte tunjevinu, nasjeckana srca artičoke, crne masline, sušene rajčice, ricotta sir, naribani mozzarella sir, naribani parmezan, sušeni bosiljak, sol i papar. Dobro promiješajte.
d) Dno posude za pečenje namažite tankim slojem marinara umaka. Na vrh stavite tri rezanca za lazanje.
e) Preko rezanaca rasporedite sloj smjese od tune. Ponovite slojeve s tri rezanca za lazanje i još smjese od tune.
f) Na vrh stavite preostala tri rezanca za lazanje i prelijte preostalim marinara umakom po vrhu.
g) Po vrhu pospite još naribanog parmezana za dodatni okus.
h) Prekrijte posudu za pečenje folijom i pecite 25 minuta.
i) Uklonite foliju i pecite dodatnih 10 minuta dok se sir ne otopi i postane mjehurić.
j) Pustite da se ohladi nekoliko minuta prije posluživanja.

56. Lazanje od špinata i artičoke

SASTOJCI:
- 12 rezanaca za lazanje
- 2 šalice bešamel umaka (bijeli umak)
- 1 šalica nasjeckanog špinata
- 1 šalica nasjeckanih mariniranih srca artičoka
- 1 šalica luka narezanog na kockice
- 3 češnja češnjaka, nasjeckana
- 2 žlice maslinovog ulja
- 1 žlica prehrambenog kvasca
- Posolite i popaprite po ukusu
- Veganski sir mozzarella (za preljev)

UPUTE:
a) Zagrijte pećnicu na 375°F (190°C) i pecite rezance za lazanje prema uputama na pakiranju.
b) U velikoj tavi zagrijte maslinovo ulje na srednje jakoj vatri. Dodajte luk i češnjak, te pirjajte dok ne omekšaju.
c) Dodajte nasjeckani špinat i kuhajte dok ne uvene. Umiješajte nasjeckana srca artičoke, hranjivi kvasac, sol i papar. Dobro promiješajte.
d) Dno posude za pečenje namažite tankim slojem bešamela. Po vrhu rasporedite sloj kuhanih rezanaca za lazanje.
e) Rasporedite sloj mješavine špinata i artičoka preko rezanaca. Ponovite slojeve.
f) Prelijte lazanje preostalim bešamelom.
g) Po vrhu lazanja pospite sir mozzarella.
h) Prekrijte posudu za pečenje folijom i pecite 25 minuta. Uklonite foliju i pecite dodatnih 10 minuta dok se lazanje ne zagriju, a sir otopi i postane mjehurić.
i) Ostavite lazanje nekoliko minuta da se ohlade prije posluživanja.

57. Njoki s gljivama i artičokama

SASTOJCI:
- 1 šalica njoka
- 2 šalice narezanih gljiva (kao što su cremini ili šampinjoni)
- 1 šalica mariniranih srca artičoka, ocijeđenih i nasjeckanih
- 2 žlice maslinovog ulja
- 2 češnja češnjaka, mljevena
- ¼ šalice nasjeckanog svježeg peršina
- Posolite i popaprite po ukusu
- Rendani parmezan za posluživanje

UPUTE:
a) Njoke kuhajte prema uputama na pakiranju dok ne isplivaju na površinu. Ocijedite i ostavite sa strane.
b) U tavi zagrijte maslinovo ulje na srednje jakoj vatri.
c) Dodajte nasjeckani češnjak i kuhajte dok ne zamiriše.
d) Dodajte narezane gljive u tavu i pirjajte dok ne omekšaju i porumene.
e) Umiješajte nasjeckana srca artičoke i nasjeckani svježi peršin. Kuhajte par minuta da se okusi sjedine.
f) Dodajte kuhane njoke u tavu i miješajte dok se dobro ne oblože gljivama i artičokama.
g) Začinite solju i paprom po ukusu.
h) Njoke s gljivama i artičokama poslužite s naribanim parmezanom po vrhu.

58. Gratinirana tjestenina s provansalskim povrćem

SASTOJCI:
- 2 žlice maslinovog ulja
- 3 srednje mljevene ljutike
- 2 režnja češnjaka, mljevena
- 1 srednja crvena paprika, nasjeckana
- 1 srednja tikvica, nasjeckana
- 1 (28 unci) limenka zgnječenih rajčica
- 1/2 žličice suhe majčine dušice
- 1 žlica mljevenog svježeg ravnog peršina
- Sol i svježe mljeveni crni papar
- 12 unci penne ili druge male tjestenine
- 1 šalica konzerviranih srca artičoka, ocijeđenih i ispranih
- 1/2 šalice suhih nezačinjenih krušnih mrvica

UPUTE:
a) U velikoj tavi zagrijte ulje na srednje jakoj vatri. Dodajte ljutiku i češnjak i kuhajte dok ne omekšaju, oko 3 minute.
b) Dodajte papriku i tikvice i kuhajte dok ne omekšaju, oko 10 minuta. Umiješajte rajčice, majčinu dušicu, peršin te sol i crni papar po ukusu.
c) Artičoke sitno nasjeckajte i dodajte u tavu. Smanjite vatru i kuhajte 10 minuta da se okusi prožmu. Zagrijte pećnicu na 350°F. Lagano nauljite gratiniranu posudu ili lonac od 2 litre i ostavite sa strane.
d) U loncu kipuće slane vode kuhajte penne uz povremeno miješanje dok ne budu al dente, oko 10 minuta. Ocijedite i vratite u lonac. Smjesu povrća dodati tjestenini, dobro promiješati da se sjedini, pa prebaciti u pripremljenu posudu.
e) Pospite krušnim mrvicama, pokrijte folijom i pecite dok se ne zagrije, oko 30 minuta. Otklopite i pecite još 10 minuta da mrvice porumene. Poslužite odmah.

59. Španjolski slanutak i tjestenina

SASTOJCI:
- 2 žlice maslinovog ulja
- 2 češnja češnjaka, mljevena
- ½ žlice dimljene paprike
- 1 žlica mljevenog kima
- ½ žlice sušenog origana
- ¼ žlice kajenskog papra
- Svježe nasjeckani crni papar
- 1 glavica žutog luka
- 2 šalice nekuhane tjestenine bez glutena
- Konzerva od 15 unci rajčice narezane na kockice
- Limenka od 15 unci četvrtine srca artičoke
- Slanutak od 19 unci može
- 1,5 šalice juhe od povrća
- ½ žlice soli
- ¼ vezice svježeg peršina, nasjeckanog
- 1 svježi limun

UPUTE:
a) Stavite češnjak u veliku tavu s maslinovim uljem.
b) Pirjajte 2 minute, odnosno dok povrće ne omekša i ne zamiriše.
c) U tavu dodajte dimljenu papriku, kumin, origano, kajenski papar i svježe nasjeckani crni papar.
d) U vrućem ulju još minutu miješajte začine.
e) U tavu dodajte luk, narezan na kockice.
f) Kuhajte dok luk ne omekša i postane proziran.
g) Dodajte tjesteninu i kuhajte još 2 minute.
h) Ocijedite slanutak i srca artičoke prije nego ih dodate u tavu s rajčicama narezanim na kockice, juhom od povrća i pola žličice soli.
i) U tavu dodajte peršin, a malo ostavite za posipanje gotovog jela.
j) Pomiješajte sve sastojke u tavi dok se ne ujednače.
k) Pustite da zavrije, a zatim smanjite na laganoj vatri 20 minuta.
l) Skinite poklopac, probistrite vilicom i ukrasite preostalim nasjeckanim peršinom.
m) Limun narežite na kriške i iscijedite sok preko svake porcije.

JUHE

60. Kremasta juha od artičoke

SASTOJCI:
- 2 konzerve (svaka po 14 unci) srca artičoka, ocijeđena i nasjeckana
- 1 glavica luka nasjeckana
- 2 češnja češnjaka, mljevena
- 4 šalice juhe od povrća
- 1 šalica gustog vrhnja
- Posolite i popaprite po ukusu

UPUTE:
a) U većem loncu pirjajte nasjeckani luk i nasjeckani češnjak dok ne omekšaju.
b) U lonac dodajte nasjeckana srca artičoke i kuhajte još 5 minuta.
c) Ulijte juhu od povrća i smjesu zakuhajte. Neka se kuha oko 15-20 minuta.
d) Uranjajućim blenderom ili običnim blenderom izmiksajte juhu dok ne postane glatka.
e) Umiješajte vrhnje i začinite solju i paprom po ukusu.
f) Poslužite vruće, po želji ukrašeno naribanim parmezanom ili nasjeckanim peršinom.

61. Juha od limunske artičoke

SASTOJCI:
- 2 konzerve (svaka po 14 unci) srca artičoka, ocijeđena i nasjeckana
- 1 glavica luka nasjeckana
- 2 češnja češnjaka, mljevena
- 4 šalice pileće ili povrtne juhe
- Korica i sok od 1 limuna
- 1/2 šalice gustog vrhnja
- Posolite i popaprite po ukusu

UPUTE:
a) U loncu za juhu pirjajte nasjeckani luk i nasjeckani češnjak dok ne omekšaju.
b) U lonac dodajte nasjeckana srca artičoke i kuhajte još 5 minuta.
c) Ulijte pileću ili povrtnu juhu i zakuhajte smjesu. Neka se kuha oko 15-20 minuta.
d) Dodajte limunovu koricu i sok u lonac i dobro promiješajte.
e) Uranjajućim blenderom ili običnim blenderom izmiksajte juhu dok ne postane glatka.
f) Umiješajte vrhnje i začinite solju i paprom po ukusu.
g) Poslužite vruće, po želji ukrašeno kriškom limuna ili svježim timijanom.

62. Začinjena juha od artičoke

SASTOJCI:
- 2 konzerve (svaka po 14 unci) srca artičoka, ocijeđena i nasjeckana
- 1 glavica luka nasjeckana
- 2 češnja češnjaka, mljevena
- 4 šalice juhe od povrća
- 1/2 žličice pahuljica crvene paprike (po želji)
- 1/4 šalice nasjeckanog svježeg peršina
- Posolite i popaprite po ukusu

UPUTE:
a) U većem loncu pirjajte nasjeckani luk i nasjeckani češnjak dok ne omekšaju.
b) U lonac dodajte nasjeckana srca artičoke i kuhajte još 5 minuta.
c) Ulijte juhu od povrća i smjesu zakuhajte. Neka se kuha oko 15-20 minuta.
d) Umiješajte ljuskice crvene paprike i nasjeckani peršin.
e) Uranjajućim blenderom ili običnim blenderom izmiksajte juhu dok ne postane glatka.
f) Začinite solju i paprom po ukusu.
g) Poslužite vruće, po želji ukrašeno malom maslinovom ulju ili dodatnim listićima crvene paprike.

63.Juha od začinske artičoke

SASTOJCI:
- 2 konzerve (svaka po 14 unci) srca artičoka, ocijeđena i nasjeckana
- 1 glavica luka nasjeckana
- 2 češnja češnjaka, mljevena
- 4 šalice pileće ili povrtne juhe
- 1 žličica suhe majčine dušice
- 1 žličica sušenog bosiljka
- 1/2 žličice sušenog origana
- Posolite i popaprite po ukusu

UPUTE:
a) U loncu za juhu pirjajte nasjeckani luk i nasjeckani češnjak dok ne omekšaju.
b) U lonac dodajte nasjeckana srca artičoke i kuhajte još 5 minuta.
c) Ulijte pileću ili povrtnu juhu i zakuhajte smjesu. Neka se kuha oko 15-20 minuta.
d) Umiješajte sušeni timijan, bosiljak i origano.
e) Uranjajućim blenderom ili običnim blenderom izmiksajte juhu dok ne postane glatka.
f) Začinite solju i paprom po ukusu.
g) Poslužite vruće, po želji ukrašeno grančicom svježeg ili sušenog začinskog bilja.

64. Mediteranska juha od artičoke i rajčice

SASTOJCI:
- 2 konzerve (svaka po 14 unci) srca artičoka, ocijeđena i nasjeckana
- 1 glavica luka nasjeckana
- 2 češnja češnjaka, mljevena
- 1 konzerva (14 unci) rajčice narezane na kockice
- 4 šalice juhe od povrća
- 1 žličica sušenog origana
- 1/2 žličice sušenog bosiljka
- Posolite i popaprite po ukusu

UPUTE:
a) U većem loncu pirjajte nasjeckani luk i nasjeckani češnjak dok ne omekšaju.
b) U lonac dodajte nasjeckana srca artičoke i kuhajte još 5 minuta.
c) Umiješajte rajčice narezane na kockice, juhu od povrća, sušeni origano i sušeni bosiljak.
d) Stavite smjesu na vatru i ostavite da kuha oko 15-20 minuta.
e) Uranjajućim blenderom ili običnim blenderom izmiksajte juhu dok ne postane glatka.
f) Začinite solju i paprom po ukusu.
g) Poslužite vruće, po želji ukrašeno malom maslinovom uljem i posipanim ribanim parmezanom.

65.Juha od artičoke i krumpira

SASTOJCI:
- 2 konzerve (svaka po 14 unci) srca artičoka, ocijeđena i nasjeckana
- 2 krumpira oguljena i narezana na kockice
- 1 glavica luka nasjeckana
- 2 češnja češnjaka, mljevena
- 4 šalice pileće ili povrtne juhe
- 1/2 šalice gustog vrhnja
- Posolite i popaprite po ukusu

UPUTE:
a) U loncu za juhu pirjajte nasjeckani luk i nasjeckani češnjak dok ne omekšaju.
b) U lonac dodajte krumpir narezan na kockice i nasjeckana srca artičoke te kuhajte još 5 minuta.
c) Ulijte pileću ili povrtnu juhu i zakuhajte smjesu. Neka se kuha dok krumpir ne omekša, oko 15-20 minuta.
d) Uranjajućim blenderom ili običnim blenderom izmiksajte juhu dok ne postane glatka.
e) Umiješajte vrhnje i začinite solju i paprom po ukusu.
f) Poslužite vruće, po želji ukrašeno malo kiselog vrhnja i nasjeckanim vlascem.

66.Juha od špinata i artičoka

SASTOJCI:
- 2 konzerve (svaka po 14 unci) srca artičoka, ocijeđena i nasjeckana
- 1 glavica luka nasjeckana
- 2 češnja češnjaka, mljevena
- 4 šalice juhe od povrća
- 2 šalice svježeg lišća špinata
- 1/2 šalice ribanog parmezana
- Posolite i popaprite po ukusu

UPUTE:
a) U većem loncu pirjajte nasjeckani luk i nasjeckani češnjak dok ne omekšaju.
b) U lonac dodajte nasjeckana srca artičoke i kuhajte još 5 minuta.
c) Ulijte juhu od povrća i smjesu zakuhajte. Neka se kuha oko 15-20 minuta.
d) Umiješajte listove svježeg špinata i naribani parmezan dok špinat ne uvene, a sir se otopi.
e) Uranjajućim blenderom ili običnim blenderom izmiksajte juhu dok ne postane glatka.
f) Začinite solju i paprom po ukusu.
g) Poslužite vruće, po želji ukrašeno naribanim parmezanom.

67.Juha od pečene crvene paprike i artičoka

SASTOJCI:
- 2 konzerve (svaka po 14 unci) srca artičoka, ocijeđena i nasjeckana
- 2 pečene crvene paprike nasjeckane
- 1 glavica luka nasjeckana
- 2 češnja češnjaka, mljevena
- 4 šalice juhe od povrća
- 1/2 šalice gustog vrhnja
- Posolite i popaprite po ukusu

UPUTE:
a) U loncu za juhu pirjajte nasjeckani luk i nasjeckani češnjak dok ne omekšaju.
b) U lonac dodajte nasjeckana srca artičoke i pečenu crvenu papriku te kuhajte još 5 minuta.
c) Ulijte juhu od povrća i smjesu zakuhajte. Neka se kuha oko 15-20 minuta.
d) Uranjajućim blenderom ili običnim blenderom izmiksajte juhu dok ne postane glatka.
e) Umiješajte vrhnje i začinite solju i paprom po ukusu.
f) Poslužite vruće, po želji ukrašeno kašikom kiselog vrhnja i nasjeckanim svježim peršinom.

68.Coconut Curry juha od artičoke

SASTOJCI:
- 2 konzerve (svaka po 14 unci) srca artičoka, ocijeđena i nasjeckana
- 1 glavica luka nasjeckana
- 2 češnja češnjaka, mljevena
- 1 žlica curry praha
- 1 limenka (14 unci) kokosovog mlijeka
- 4 šalice juhe od povrća
- Posolite i popaprite po ukusu

UPUTE:
a) U većem loncu pirjajte nasjeckani luk i nasjeckani češnjak dok ne omekšaju.
b) U lonac dodajte nasjeckana srca artičoke i kuhajte još 5 minuta.
c) Pospite curry prah po povrću i promiješajte da se sjedini.
d) Ulijte kokosovo mlijeko i juhu od povrća. Stavite smjesu na vatru i kuhajte oko 15-20 minuta.
e) Uranjajućim blenderom ili običnim blenderom izmiksajte juhu dok ne postane glatka.
f) Začinite solju i paprom po ukusu.
g) Poslužite vruće, po želji ukrašeno posipom nasjeckanog cilantra i malo soka od limete.

69.Juha od artičoke i bijelog graha

SASTOJCI:
- 2 konzerve (svaka po 14 unci) srca artičoka, ocijeđena i nasjeckana
- 1 glavica luka nasjeckana
- 2 češnja češnjaka, mljevena
- 2 konzerve (15 unci svaka) bijelog graha, ocijeđenog i ispranog
- 4 šalice juhe od povrća
- 1 žličica suhe majčine dušice
- Posolite i popaprite po ukusu

UPUTE:
a) U loncu za juhu pirjajte nasjeckani luk i nasjeckani češnjak dok ne omekšaju.
b) U lonac dodajte nasjeckana srca artičoke i kuhajte još 5 minuta.
c) Umiješajte bijeli grah, juhu od povrća i sušeni timijan. Stavite smjesu na vatru i kuhajte oko 15-20 minuta.
d) Uranjajućim blenderom ili običnim blenderom izmiksajte dio juhe dok ne postane glatka, ostavljajući komadiće povrća i graha za teksturu.
e) Začinite solju i paprom po ukusu.
f) Poslužite vruće, po želji ukrašeno malom maslinovom uljem i posipanim nasjeckanim peršinom.

70. Juha od artičoke i poriluka

SASTOJCI:
- 2 konzerve (svaka po 14 unci) srca artičoka, ocijeđena i nasjeckana
- 2 poriluka, samo bijeli i svijetlozeleni dio, nasjeckajte
- 2 češnja češnjaka, mljevena
- 4 šalice juhe od povrća
- 1 žlica maslinovog ulja
- 1/4 šalice nasjeckanog svježeg kopra
- Posolite i popaprite po ukusu

UPUTE:
a) U loncu za juhu zagrijte maslinovo ulje na srednje jakoj vatri. Dodajte nasjeckani poriluk i nasjeckani češnjak, pirjajte dok ne omekša.
b) U lonac dodajte nasjeckana srca artičoke i kuhajte još 5 minuta.
c) Ulijte juhu od povrća i smjesu zakuhajte. Neka se kuha oko 15-20 minuta.
d) Umiješajte nasjeckani svježi kopar.
e) Uranjajućim blenderom ili običnim blenderom izmiksajte juhu dok ne postane glatka.
f) Začinite solju i paprom po ukusu.
g) Poslužite vruće, po želji ukrašeno grlicom grčkog jogurta i grančicom svježeg kopra.

71.Kremasta juha od artičoka i sušenih rajčica

SASTOJCI:
- 2 konzerve (svaka po 14 unci) srca artičoka, ocijeđena i nasjeckana
- 1 glavica luka nasjeckana
- 2 češnja češnjaka, mljevena
- 1/2 šalice sušene rajčice, nasjeckane
- 4 šalice juhe od povrća
- 1 šalica gustog vrhnja
- Posolite i popaprite po ukusu

UPUTE:
a) U većem loncu pirjajte nasjeckani luk i nasjeckani češnjak dok ne omekšaju.
b) U lonac dodajte nasjeckana srca artičoke i sušene rajčice te kuhajte još 5 minuta.
c) Ulijte juhu od povrća i smjesu zakuhajte. Neka se kuha oko 15-20 minuta.
d) Uranjajućim blenderom ili običnim blenderom izmiksajte juhu dok ne postane glatka.
e) Umiješajte vrhnje i začinite solju i paprom po ukusu.
f) Poslužite vruće, po želji ukrašeno posipanim nasjeckanim bosiljkom i glazurom od balzama.

SALATE

72. Salata od artičoke i tunjevine od zrelih maslina

SASTOJCI:
- 2 konzerve komadića svijetle tune, ocijeđene i narezane na listiće
- 1 šalica nasjeckanih srca artičoka iz konzerve
- ¼ šalice narezanih maslina
- ¼ šalice nasjeckanog mladog luka
- ⅓ šalice majoneze
- 3 češnja češnjaka, nasjeckana
- 2 žličice soka od limuna
- 1 ½ žličice nasjeckanog svježeg origana ili ½ žličice osušenog

UPUTE:
a) U srednjoj zdjeli pomiješajte sve sastojke.
b) Poslužite na podlozi od zelene salate ili špinata s narezanim rajčicama ili njime nadjenite izdubljene rajčice ili ljuske lisnatog tijesta.

73. Talijanska zdjela za salatu od antipasta

SASTOJCI:
- 6 unci srca artičoke
- 8-¾ unce limenke garbanzo graha, ocijeđenog
- 8-¾ unce konzerve crvenog graha, ocijeđenog
- 6-½ unce limenke zapaljene tune u vodi, ocijeđene i naljuštene
- ½ slatkog crvenog luka, sitno narezanog
- 3 žlice talijanskog preljeva za salatu
- ½ šalice celera, tanko narezanog
- 6 šalica miješane zelene salate
- 2 unce inćuna, ocijeđenih
- 3 unce suhe salame, narezane na tanke trakice
- 2 unce sira Fontina, izrezanog na kockice
- Ukiseljene crvene i zelene paprike za ukras

UPUTE:
a) Pomiješajte artičoku i marinadu s grahom, tunom, lukom i 2 žlice preljeva u boci.
b) Pokrijte i ostavite u hladnjaku 1 sat ili duže da se okusi prožmu.
c) U velikoj zdjeli za salatu lagano pomiješajte mariniranu smjesu sa celerom i zelenom salatom.
d) Po potrebi umiješajte još malo preljeva iz boce.
e) Po vrhu rasporedite inćune, salamu i sir, pa ukrasite paprikom. Poslužite odmah.

74. Napunjena salata Nicoise

SASTOJCI:
- 1 glavica zelene salate, narezana na male komadiće
- 1 glavica Boston ili Bibb salate
- 2 ili 3 konzerve tunjevine, ocijeđene
- 1 limenka srca artičoke, ocijeđena
- 1 šalica grožđanih rajčica
- 6-8 glavica mladog luka, očišćenih
- 6-8 malih mladih crvenih krumpira, kuhanih na pari, ostavljenih u ljusci
- 1 konzerva fileta inćuna, namočenog u mlijeku, osušenog tapkanjem
- ¾ funte svježeg zelenog graha, blanširanog
- 4 tvrdo kuhana jaja, narezana na četvrtine
- 2 ljutike, mljevene
- 1 češanj češnjaka, zgnječen
- 1,5 žličica soli
- Svježi mljeveni crni papar
- 2 žlice Dijon senfa
- ⅓ šalice crvenog vinskog octa
- ⅔ šalice blagog ekstra djevičanskog maslinovog ulja
- 3 žlice kapara, ocijeđenih (rezerviranih kao ukras)

UPUTE:
a) Pripremite salatu prema uputama, osiguravajući hrskave mahune i mekane krumpire.
b) Napravite preljev za salatu tako da umutite ljutiku, češnjak, senf, sol i papar s octom.
c) Polako muteći dodavati ulje.
d) Kuhani zagrijani krumpir preliti sa 2 žlice pripremljenog preljeva.
e) Zelene mahune prelijte malom žlicom preljeva.
f) Sastavite salatu, rasporedite zelenu salatu, tunu, jaja i ostalo. Prelijte dresingom.
g) Ukrasite kaparima. Poslužite s preostalim preljevom sa strane.

75.Salata od antipasta

SASTOJCI:
- 1 velika glava ili 2 srca romaina nasjeckana
- 4 unce pršuta narezanog na trakice
- 4 unce salame ili feferona narezanog na kockice
- ½ šalice narezanih srca artičoke
- ½ šalice mješavine crnih i zelenih maslina
- ½ šalice ljute ili slatke paprike ukiseljene ili pečene
- Talijanski preljev po ukusu

UPUTE:
a) Pomiješajte sve sastojke u velikoj zdjeli za salatu.
b) Prelijte talijanskim preljevom.

76. Salata od riže od riže s artičokama, graškom i tunom

SASTOJCI:
- 1 šalica riže DeLallo Arborio
- 1 limenka (5,6 unci) uvezene talijanske tunjevine pakirane u maslinovom ulju, rezervirajte ulje
- 1 staklenka (12 unci) DeLallo mariniranih srca artičoke, narezana na četvrtine (sačuvajte tekućinu)
- 6 unci smrznutog zelenog graška, odmrznutog
- Korica od 1 limuna
- 2 žlice nasjeckanog bosiljka
- Sol i papar

UPUTE:
a) Zakuhajte veliki lonac posoljene vode pa dodajte rižoto. Promiješajte i kuhajte rižu da postane al dente, oko 12 minuta.
b) Rižu ocijedite u cjedilu i isperite u hladnoj vodi da uklonite višak škroba. Vrlo dobro ocijedite i ostavite sa strane da se ohladi.
c) Kad se ohladi, stavite rižoto u veliku zdjelu za miješanje. Umiješajte tunu, artičoke i grašak. Za preljev obavezno dodajte ulje od tune i marinadu od artičoka.
d) Pomiješajte koricu limuna i svježi bosiljak. Posolite i popaprite po ukusu.
e) Poslužite hladno.

77. Tjestenina od koprive s parmezanom

SASTOJCI:
- ½ funte tjestenine
- 2,5 unce svježih listova i vrhova koprive
- 3 žlice maslinovog ulja
- 3 češnja češnjaka, mljevena
- 1 luk, narezan na kockice
- 1 žličica suhog peršina
- ½ žličice suhe majčine dušice
- ½ žličice sušenog bosiljka
- 1/3 šalice nasjeckanih srca artičoka
- ½ šalice parmezana, naribanog
- Sol i papar, po ukusu
- Po želji: 1 šalica cvjetova ljubičice ili cvjetova gorušice od češnjaka

UPUTE:
a) Zakuhajte lonac vode, posolite je i dodajte tjesteninu. Otprilike 1 minutu prije nego što je vaša tjestenina potpuno kuhana, dodajte koprivu u vodu.
b) Zagrijte ulje u tavi, dodajte češnjak i luk i ostavite da se kuha oko 5 minuta. Ako češnjak brzo počne bojati, smanjite vatru. Umiješajte začine.
c) Prije nego što ocijedite rezance i koprivu, uzmite ¼ šalice vode od tjestenine i dodajte u tavu s lukom.
d) Zatim ocijedite tjesteninu i koprivu i dodajte u lonac, zajedno sa srcima artičoka pobacajte da se oblože. Smanjite vatru i dodajte parmezan, ponovno miješajući, dok se sir ne otopi i prekrije rezance.
e) Skinite rezance s vatre i ukrasite ih jestivim cvjetovima.

78.Salata od crvenog krumpira, šparoga i artičoke

SASTOJCI:

- 18 malih crvenih krumpira
- 3/4 šalice juhe od povrća
- 14 oz srca artičoke, ocijeđena i narezana na četvrtine
- 3 funte svježih šparoga, orezanih
- 3 žlice Dijon senfa
- 1/4 žličice kajenskog papra
- 5 žlica mljevenog svježeg vlasca
- 1/4 šalice svježeg soka od limuna
- Sol i mljeveni crni papar po ukusu

UPUTE:

a) Krumpir stavite u lonac sa slanom vodom i poklopite.
b) Zakuhajte na jakoj vatri. Zatim smanjite temperaturu na srednje nisku, poklopite i pirjajte dok ne omekša oko 20 minuta.
c) Ocijedite i ostavite da se suši na pari 1-2 minute. Pustite da se ohladi prije rezanja na kocke veličine zalogaja, a zatim prebacite u zasebnu zdjelu.
d) Na jakoj vatri zakuhajte lonac slane vode, a zatim dodajte šparoge. Odmah ocijedite.
e) Narežite šparoge na komade od 1 inča i kuhajte dok ne omekšaju 3 minute.
f) Umiješajte artičoke, malo ih razdvojite prije nego ih stavite u zdjelu s krumpirom.
g) Pomiješajte sok od limuna i senf, zatim postupno umiješajte juhu od povrća u senf i sok od limuna dok ne postane glatko.
h) Začinite solju, paprom i kajenskim paprom. Prelijte preko povrća, a zatim bacite na kaput.
i) Prije posluživanja pospite vlascem.

79. Salata od zapečenog srca od artičoke

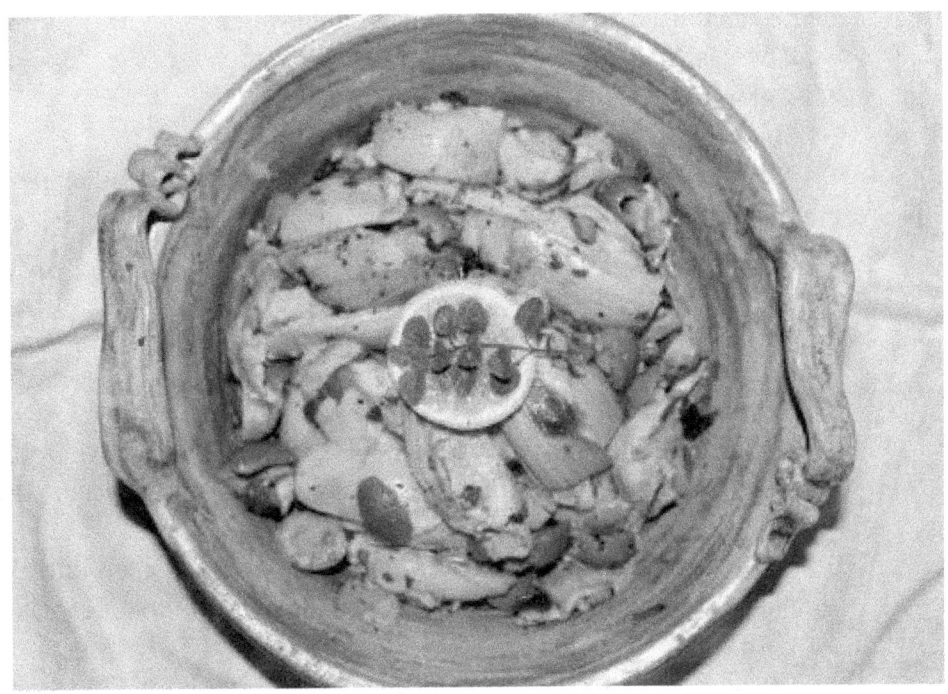

SASTOJCI:
- 2 limenke (14 oz svaka) srca artičoke
- 1 žlica maslinovog ulja, plus još za prelijevanje
- 4 češnja češnjaka, nasjeckana
- 4 glavice luka, bijeli i zeleni dio nasjeckati
- Sok od 1/2 limuna
- 1/2 šalice Castelvetrano maslina bez koštica, prepolovljenih i izmrvljenih
- 1 žlica svježeg origana, nasjeckanog
- 1 žlica nasjeckanog talijanskog peršina
- Sol i mljeveni crni papar, po ukusu

UPUTE:

a) Zagrijte maslinovo ulje u velikoj tavi na srednje jakoj vatri. Dodajte ocijeđena srca artičoka i pržite ih oko 10 minuta sa svake strane dok lagano ne pougljene.

b) Smanjite vatru na srednju. Dodajte nasjeckani češnjak i polovicu nasjeckanog mladog luka. Kuhajte 5 minuta dok češnjak ne porumeni.

c) Ubacite prepolovljene i izgnječene masline i maknite tavu s vatre.

d) Premjestite smjesu artičoka u plitku zdjelu ili pladanj za posluživanje. Iscijedite svježi limunov sok po vrhu i pokapajte s još maslinova ulja.

e) Po ukusu začinite salatu solju i mljevenim crnim paprom. Nježno umiješajte nasjeckani origano.

f) Salatu pospite svježim peršinom i poslužite.

STRANE

80.Pečena srca palme i artičoke

SASTOJCI:
- Sprej za kuhanje
- 2 limenke Reese Hearts of Palm (14 unci svaka)
- 2 konzerve Reese velikih srca artičoke (14 unci svaka)
- 2 žlice maslinovog ulja
- 1 režanj češnjaka, nasjeckan
- 1/4 žličice papra
- 1/8 žličice soli
- 1 limun, izrezan na šestine

UPUTE:
a) Zagrijte pećnicu na 425°F (220°C). Premažite obrubljeni lim za pečenje sprejom za kuhanje.
b) Ocijedite i isperite srce palme i srce artičoke, a zatim ih osušite papirnatim ručnikom. Srce palme narežite na trećine, a srca artičoke prepolovite. Obrišite sav višak tekućine sa srca artičoke.
c) U velikoj zdjeli pomiješajte maslinovo ulje i nasjeckani češnjak. Dodajte srca palme i srca artičoke i lagano promiješajte da se ravnomjerno oblože.
d) Stavite obložena srca palme i srca artičoke na pripremljeni lim za pečenje u jednom sloju. Pospite solju i paprom.
e) Pecite u prethodno zagrijanoj pećnici dok se ne zagrije i dok rubovi ne počnu lagano rumeniti, oko 25-30 minuta.
f) Pečena srca palme i artičoke pokapajte svježim limunovim sokom. Alternativno, poslužite s kriškama limuna i neka svatko pokapa sok od limuna po želji.
g) Uživajte u ukusnim pečenim srcima palme i artičokama kao ukusnom prilogu koji će nadopuniti svaki obrok!

81. Zgnječene artičoke s aiolijem od limuna i kopra

SASTOJCI:
- 1/2 šalice majoneze s maslinovim uljem
- 1 žlica sitno nasjeckanog svježeg kopra
- 1 1/2 žličice Dijon senfa
- 1 1/2 žličice svježeg soka od limuna
- 1 manji režanj češnjaka, sitno naribani
- 2 (14 unci) limenke cijela srca artičoke, ocijeđena i osušena tapkanjem
- 2 žlice ekstra djevičanskog maslinovog ulja, podijeljene
- 1 žlica nasjeckanih listova svježeg timijana
- 1/4 žličice mljevenog papra

UPUTE:
a) Pomiješajte majonezu, kopar, senf, limunov sok i naribani češnjak u maloj posudi za pripremu aiolija.
b) Zagrijte pećnicu na 400°F (200°C). Obrubljeni pleh obložite papirom za pečenje. Pomiješajte ocijeđena i osušena srca artičoke s 1 žlicom maslinova ulja u zdjelu srednje veličine. Rasporedite artičoke u jednom sloju na pripremljeni lim za pečenje. Pecite dok lagano ne porumene, oko 20 do 25 minuta. Izvadite iz pećnice i pokapajte artičoke s preostalom 1 žlicom maslinova ulja I pospite nasjeckanom majčinom dušicom. Nježno bacite na premaz.
c) Koristeći dno posude za mjerenje ili čvrstu čašu, nježno pritisnite artičoke dok ne postanu debele oko 1/2 inča, ravnomjerno pritiskajući, a da srce ostane netaknuto. Ponovno pecite dok ne porumene i ne budu karamelizirane, otprilike 25 do 30 minuta.
d) Izgnječene artičoke prebacite na tanjur ili pladanj, pospite mljevenom paprikom i poslužite uz pripremljene aiole od limuna i kopra.
e) Uživajte u ovim hrskavim mljevenim artičokama s njihovom nježnom unutrašnjosti, posluženim uz svijetli i svježi aioli od limuna i kopra!

82. Srca od artičoke sa šunkom

SASTOJCI:
- 2 limenke (14 oz. svaka) Srca artičoke
- 1 žlica ekstra djevičanskog maslinovog ulja
- 2 oz. Serrano šunka, nasjeckana
- 1 žlica mljevenog češnjaka
- Adobo višenamjenski začin s paprom, po ukusu
- 1 žlica sitno nasjeckanog svježeg peršina

UPUTE:
a) Ocijedite srca artičoke i temeljito ih osušite papirnatim ručnicima. Prepolovite ih.
b) Zagrijte maslinovo ulje u srednjoj tavi na srednje jakoj vatri. Dodajte nasjeckanu Serrano šunku i kuhajte dok ne postane hrskava, otprilike 5 minuta. Hrskavu šunku izvadite šupljikavom žlicom i ostavite sa strane.
c) Dodajte prepolovljene artičoke u tavu i kuhajte dok ne porumene sa svih strana, oko 10 minuta.
d) Dodajte mljeveni češnjak u tavu i kuhajte dok ne zamiriše, povremeno miješajući, još oko 1 minutu.
e) Začinite mješavinu artičoka s Adobo višenamjenskim začinom s paprom, prema ukusu.
f) Prebacite smjesu artičoka u cazuelu ili malu okruglu posudu za posluživanje. Po vrhu pospite hrskavu Serrano šunku i nasjeckani peršin.
g) Uživajte u ukusnim srcima artičoke sa šunkom, jelu inspiriranom okusima Rioje i Navarre!

83. Srca artičoke u bijelom vinu i češnjaku

SASTOJCI:
- 1 žlica ekstra djevičanskog maslinovog ulja
- 3 češnja češnjaka, nasjeckana
- 1/2 šalice suhog bijelog vina
- 3 žlice soka od limuna
- 6 žlica maslaca
- 1 prstohvat soli
- 1/4 žličice svježe mljevenog crnog papra
- 2 konzerve (14 oz svaka) srca artičoke, ocijeđena i prepolovljena
- 1 žlica svježeg peršina, nasjeckanog
- 1/4 šalice zelenog luka, tanko narezanog

UPUTE:
a) Zagrijte ekstra djevičansko maslinovo ulje na srednje jakoj vatri u tavi koja se ne lijepi srednje veličine.
b) Dodajte nasjeckani češnjak i kuhajte oko minutu dok ne omekša, ali ne porumeni.
c) Ulijte bijelo vino i pirjajte 2 do 3 minute da ukuha alkohol.
d) Umiješajte sok od limuna, zatim postupno dodajte maslac uz stalno miješanje dok se ne otopi i dobro sjedini.
e) Umak začinite solju i paprom po ukusu.
f) Pažljivo dodajte srca artičoke u tavu i nježno ih ubacite u umak dok se potpuno ne prekriju.
g) Nakon što se artičoke zagriju, prebacite ih i umak na tanjur za posluživanje.
h) Ukrasite nasjeckanim peršinom i sitno narezanim mladim lukom.
i) Poslužite odmah i uživajte u ukusnim srcima artičoke u bijelom vinu, češnjaku i limunu!

84. Srca artičoke pečena s kozjim sirom

SASTOJCI:
- 1 manji luk, narezan na kockice
- Mrskanje maslinovog ulja
- Pakiranje od 14 oz smrznuta srca artičoke
- 3 češnja češnjaka, mljevena
- 1 žlica svježeg kopra, mljevenog
- Po 1/4 žličice: soli i crnog papra
- 1/2 šalice izmrvljenog kozjeg sira
- 3 žlice panko krušnih mrvica
- 1 žličica maslinovog ulja

UPUTE:
a) Zagrijte pećnicu na 400°F (200°C).
b) U tavi od pećnice od 8 inča pirjajte luk narezan na kockice na malo maslinovog ulja dok ne postane proziran.
c) Odmrznite smrznuta srca artičoke. Pomiješajte ih s pirjanim lukom u tavi. Pomiješajte nasjeckani češnjak, mljeveni kopar, sol, papar i izmrvljeni kozji sir.
d) U maloj posudi pomiješajte panko krušne mrvice s 1 žličicom maslinovog ulja. Ravnomjerno rasporedite smjesu od krušnih mrvica po artičokama u tavi.
e) Pecite u prethodno zagrijanoj pećnici 10 minuta, ili dok se ne zagrije.
f) Uživajte u ovom gratiniranom prilogu srca od artičoke pečenih u kozjem siru kao divnom dodatku vašoj vegetarijanskoj rutini!

85. Artičoke kuhane na pari

SASTOJCI:
- 4 artičoke srednje veličine (svaka otprilike 12 unci)
- 1 limun, poprečno prerezan na pola
- Krupna sol
- Jednostavan holandski umak
- Po želji: otopljeni maslac

UPUTE:
a) Uklonite čvrste vanjske listove s artičoka. Nazubljenim nožem odrežite gornju trećinu svake artičoke. Sve preostale oštre ili šiljaste vrhove odrežite kuhinjskim škarama.
b) Odrežite stabljike tako da artičoke mogu stajati uspravno.
c) Spriječite promjenu boje trljanjem reznih površina artičoka limunom. Ponovite ovaj postupak s preostalim artičokama i limunom.
d) Stavite košaru kuhala na pari u veliki lonac i dodajte dovoljno vode da dospije malo ispod košare. U vodu iscijedite sok od limuna i dodajte 1 žlicu soli. Zakuhajte vodu.
e) Rasporedite artičoke u košaru za kuhanje na pari, stavljajući ih s peteljkom prema gore.
f) Poklopite lonac i kuhajte artičoke na pari dok srca ne omekšaju kada ih probode nožem za guljenje i dok se unutarnji listovi ne mogu lako izvući. To obično traje oko 25 do 35 minuta. Po potrebi dodajte još vode u lonac.
g) Artičoke kuhane na pari poslužite tople ili na sobnoj temperaturi, po želji uz Easy Hollandaise umak ili otopljeni maslac.

DESERT

86. Ušećerena srca artičoke

SASTOJCI:
- 1 konzerva (14 unci) srca artičoke, ocijeđena i prepolovljena
- 1 šalica granuliranog šećera
- 1 šalica vode
- Po želji: limunova korica ili ekstrakt vanilije za aromu

UPUTE:
a) U loncu pomiješajte granulirani šećer i vodu. Pustite da lagano kuha na srednjoj vatri, miješajući dok se šećer ne otopi.
b) U šećerni sirup dodajte srca artičoke. Po želji dodajte malo limunove korice ili kap ekstrakta vanilije za dodatnu aromu.
c) Kuhajte srca artičoke u sirupu oko 20-30 minuta, ili dok ne postanu prozirna i mekana.
d) Izvadite kandirana srca artičoka iz sirupa i ostavite ih da se ohlade na plehu obloženom papirom za pečenje.
e) Nakon što se ohlade, kandirana srca artičoka mogu se koristiti kao jedinstveni i pomalo slatki deserti sami ili se mogu koristiti kao ukras za druge deserte poput kolača ili sladoleda.

87. Kolač od artičoka i badema

SASTOJCI:
- 1 konzerva (14 unci) srca artičoke, ocijeđena i sitno nasjeckana
- 1 šalica bademovog brašna
- 1/2 šalice granuliranog šećera
- 1/4 šalice otopljenog maslaca
- 3 jaja
- 1 žličica ekstrakta badema
- 1/2 žličice praška za pecivo
- Prstohvat soli

UPUTE:
a) Zagrijte pećnicu na 350°F (175°C). Namastite i pobrašnite kalup za tortu.
b) U zdjeli za miješanje tucite jaja i granulirani šećer dok ne postanu svijetla i pjenasta.
c) Dodajte rastopljeni maslac, ekstrakt badema i nasjeckana srca artičoke u smjesu jaja, miješajući dok se dobro ne sjedini.
d) U posebnoj zdjeli pomiješajte bademovo brašno, prašak za pecivo i sol. Postupno dodajte ovu suhu smjesu mokrim sastojcima, miješajući dok ne postane glatka.
e) Ulijte tijesto u pripremljeni kalup za torte i poravnajte vrh.
f) Pecite u prethodno zagrijanoj pećnici 25-30 minuta, ili dok čačkalica zabodena u sredinu ne izađe čista.
g) Ostavite tortu da se ohladi prije rezanja i posluživanja. Po želji, vrh pospite šećerom u prahu ili poslužite sa šlagom.

88. Torta od artičoke i limuna

SASTOJCI:
- 1 prethodno napravljena kora za pitu ili domaće tijesto za tart
- 1 limenka (14 unci) srca artičoke, ocijeđena i nasjeckana
- Korica i sok od 1 limuna
- 1/2 šalice granuliranog šećera
- 3 jaja
- 1/2 šalice gustog vrhnja
- Šećer u prahu za posipanje (po želji)

UPUTE:
a) Zagrijte pećnicu na 350°F (175°C). Razvaljajte koru za pitu ili tijesto za tart i utisnite u kalup za tart.
b) U zdjeli za miješanje umutite jaja, granulirani šećer, limunovu koricu, limunov sok i gustu pavlaku dok se dobro ne sjedine.
c) Umiješajte nasjeckana srca artičoka.
d) Ulijte nadjev u pripremljenu koru za tart.
e) Pecite u zagrijanoj pećnici 25-30 minuta, odnosno dok se nadjev ne stegne i korica ne porumeni.
f) Ostavite tart da se malo ohladi prije rezanja. Po želji pospite šećerom u prahu prije posluživanja.

89. Kremasta pita sa špagetima od slatkog krumpira

SASTOJCI:

- 1 funta suhih špageta
- 1 (24 unce) staklenka mariniranih srca artičoka, (rezervirajte 1/4 šalice tekućine + 1 šalica srca artičoka)
- 1 šalica smrznutog špinata, odmrznutog i ocijeđenog
- 1 (8 unca) kockica krem sira, omekšana
- 2 jaja, istučena
- 1/2 šalice ribanog parmezana
- 2 šalice naribanog mozzarella sira
- Ukras: naribani parmezan, čips od kelja

UPUTE:

a) Zagrijte pećnicu na 350°F.
b) Obložite kalup s oprugom papirom za pečenje, tako da rubovi vise s vanjske strane kalupa.
c) U većem loncu kuhajte tjesteninu u kipućoj vodi 10 minuta.
d) U velikoj zdjeli pomiješajte srca artičoke (plus tekućinu), špinat, krem sir, jaja i sireve.
e) Ocijedite špagete i dodajte u zdjelu s mješavinom sira od artičoka, miješajući tako da potpuno prekrijete tjesteninu. Ulijte u pripremljenu tavu i na vrh stavite preostalu 1 šalicu srca artičoka.
f) Pecite 45 minuta do 1 sat, dok rubovi ne postanu hrskavi i smjesa se stegne. Ostavite da se malo ohladi prije vađenja iz posude. Poslužite toplo.
g) Ukrasite naribanim parmezanom i čipsom od kelja.

ZAČINI

90.Pesto od artičoke

SASTOJCI:
- 1 limenka (14 unci) srca artičoke, ocijeđena i nasjeckana
- 1/4 šalice prženih pinjola ili badema
- 2 češnja češnjaka
- 1/4 šalice ribanog parmezana
- 1/4 šalice ekstra djevičanskog maslinovog ulja
- Sok od 1 limuna
- Posolite i popaprite po ukusu

UPUTE:
a) U sjeckalici pomiješajte nasjeckana srca artičoke, pržene pinjole ili bademe, češnjak i parmezan.
b) Pusirajte dok se sastojci ne usitne.
c) S uključenim procesorom hrane polako ulijevajte maslinovo ulje dok smjesa ne postigne željenu gustoću.
d) Dodajte sok od limuna, sol i papar po ukusu i pulsirajte da se sjedini.
e) Poslužite pesto od artičoke kao namaz na crostinima, preliven tjesteninom ili kao preljev za meso ili ribu s roštilja.

91.Tapenada od artičoke

SASTOJCI:
- 1 limenka (14 unci) srca artičoke, ocijeđena i nasjeckana
- 1/4 šalice Kalamata maslina bez koštica
- 2 žlice kapara, ocijeđenih
- 2 češnja češnjaka
- 2 žlice nasjeckanog svježeg peršina
- 2 žlice ekstra djevičanskog maslinovog ulja
- Sok od 1 limuna
- Posolite i popaprite po ukusu

UPUTE:
a) U sjeckalici pomiješajte nasjeckana srca artičoke, Kalamata masline, kapare, češnjak i peršin.
b) Pusirajte dok se sastojci ne usitne i dobro sjedine.
c) S uključenim procesorom hrane polako ulijevajte maslinovo ulje dok smjesa ne postigne željenu gustoću.
d) Dodajte sok od limuna, sol i papar po ukusu i pulsirajte da se sjedini.
e) Poslužite tapenadu od artičoke kao namaz na hrskavom kruhu, krekerima ili kao začin za sendviče i zamotuljke.

92. Ukus od artičoke i sušenih rajčica

SASTOJCI:
- 1 limenka (14 unci) srca artičoke, ocijeđena i nasjeckana
- 1/4 šalice nasjeckanih osušenih rajčica (pakiranih u ulju), ocijeđenih
- 2 žlice nasjeckanog svježeg bosiljka
- 1 žlica balzamičnog octa
- 2 žlice ekstra djevičanskog maslinovog ulja
- Posolite i popaprite po ukusu

UPUTE:
a) U zdjeli za miješanje pomiješajte nasjeckana srca artičoke, nasjeckane sušene rajčice i svježi bosiljak.
b) Prelijte balzamičnim octom i ekstra djevičanskim maslinovim uljem i pomiješajte.
c) Začinite solju i paprom po ukusu i ponovno promiješajte da se sjedini.
d) Poslužite artičoke i sušene rajčice kao preljev za pečenu piletinu ili ribu, umiješane u kuhanu tjesteninu ili kao ukras za salate.

93. Kremasti aioli od artičoke

SASTOJCI:
- 1 limenka (14 unci) srca artičoke, ocijeđena i nasjeckana
- 1/2 šalice majoneze
- 2 češnja češnjaka, mljevena
- 1 žlica soka od limuna
- 1 žlica nasjeckanog svježeg peršina
- Posolite i popaprite po ukusu

UPUTE:
a) U sjeckalici pomiješajte nasjeckana srca artičoke, majonezu, nasjeckani češnjak, limunov sok i nasjeckani peršin.
b) Miješajte dok smjesa ne postane glatka i dobro sjedinjena.
c) Začinite solju i paprom po ukusu i ponovno promiješajte da se sjedini.
d) Poslužite kremasti aioli od artičoke kao umak za povrće, namaz za sendviče i hamburgere ili kao umak za meso s roštilja i plodove mora.

94. Chimichurri od artičoke

SASTOJCI:
- 1 limenka (14 unci) srca artičoke, ocijeđena i nasjeckana
- 1/2 šalice nasjeckanog svježeg peršina
- 2 žlice nasjeckanog svježeg cilantra
- 2 češnja češnjaka, mljevena
- 1/4 šalice crvenog vinskog octa
- 1/2 šalice ekstra djevičanskog maslinovog ulja
- 1 žličica mljevene crvene paprike
- Posolite i popaprite po ukusu

UPUTE:
a) U zdjeli za miješanje pomiješajte nasjeckana srca artičoke, nasjeckani peršin, nasjeckani cilantro i nasjeckani češnjak.
b) Umiješajte crveni vinski ocat, ekstra djevičansko maslinovo ulje i zgnječenu crvenu papriku.
c) Začinite solju i paprom po ukusu i miješajte dok se dobro ne sjedini.
d) Ostavite chimichurri na sobnoj temperaturi najmanje 30 minuta kako bi se okusi stopili.
e) Poslužite chimichurri od artičoke kao umak za

PIĆA

95. Voda od artičoke

SASTOJCI:
- 2 artičoke, stabljike odrezane i podrezane

UPUTE:
a) Zakuhajte veliki lonac vode.
b) Dodajte artičoke i pustite da kuhaju 30 minuta.
c) Izvadite artičoke i ostavite ih sa strane za kasnije.
d) Neka se voda ohladi prije nego što popijete šalicu.

96.Artičoka Negroni

SASTOJCI:
- 1 oz. crveni vermut
- 1 oz. liker od artičoke
- 4 kapi bitera lavande
- 1 narančina kora
- Kocke leda

UPUTE:
a) U čaši za miješanje ili vrču napunjenom ledom pomiješajte crveni vermut, liker od artičoke i biter od lavande.
b) Miješajte smjesu dugom žlicom otprilike 1 minutu da se ohladi i pomiješaju sastojci.
c) Procijedite smjesu u čaše za šampanjac.
d) Ukrasite svaku čašu komadićem narančine kore.
e) Poslužite i uživajte u svom Artichoke Negroni!

97. Artičoka Manhattan

SASTOJCI:
- 2 unce raženog viskija
- 1/2 unce likera od artičoke (kao što je Cynar)
- 1/2 unce slatkog vermuta (kao što je Carpano Antica)
- 1 latica komorača
- 1 traka narančine korice

UPUTE:
a) Napunite čašu za koktel ledom.
b) U čašu dodajte viski od raži, liker od artičoke i slatki vermut.
c) Miješajte smjesu oko 30 sekundi da se ohladi.
d) Procijedite koktel u rocks čašu napunjenu svježim ledom.
e) Ukrasite laticama komorača i trakicama narančine korice.
f) Uživajte u artičokama Manhattan!

98.Zeleni čaj od artičoke i pandana

SASTOJCI:

- 3 svježe cijele artičoke (sačuvajte cijele)
- 1 svežanj lišća pandana (dobro je i smrznuto)
- 2 vrećice zelenog čaja
- 1,5 galona vode (voda će ispariti dok ključa)
- Po želji: 2 žlice kamenog šećera ili običnog šećernog sirupa (dodajte 5 komadića kamenog šećera ili 5 žlica običnog šećera u 1/2 šalice kipuće vode dok se ne otopi)

UPUTE:

a) Operite artičoke i dodajte ih u veliki lonac zajedno s listovima pandana i vodom. Zagrijte vodu dok ne zavrije, zatim smanjite vatru i kuhajte 1 sat.
b) Nakon 1 sata isključite vatru i dodajte vrećice zelenog čaja u lonac, ostavite ih da se natapaju dok se cijeli lonac ne ohladi.
c) Nakon što se čaj ohladi, prebacite ga u staklenu posudu od 1 galona.
d) Kada je spreman za posluživanje, ulijte čaj u staklene čaše preko leda. Po želji dodajte šećerni sirup za slatkoću.
e) Uživajte u svom osvježavajućem zelenom čaju od artičoke i pandana!

99.Domaći Cynar

SASTOJCI:
- 10 kuglica listova artičoke
- Malo narančine korice
- 1 litra grappe
- 1 žlica smeđeg šećera

UPUTE:
a) Započnite maceriranjem deset listova artičoke i malo narančine kore u litri grappe.
b) Neka smjesa stoji 30 do 40 dana.
c) Grappu filtrirajte i ostavite da sazrijeva još mjesec dana.
d) Za dodatnu dubinu i gorčinu koja podsjeća na artičoke, u liker ubacite žlicu smeđeg šećera.

100. Držanje artičoke

SASTOJCI:
- 3/4 unce jamajčanskog ruma (po mogućnosti Smith & Cross)
- 3/4 unce Cynar
- 1/2 unce St. Germain likera od cvijeta bazge
- 3/4 unce soka od limete
- 1/2 unce orgeata
- Ukras: grančica mente

UPUTE:
a) Dodajte sve sastojke u shaker za koktele.
b) Dodajte malu količinu leda i lagano protresite.
c) Procijedite smjesu preko zdrobljenog leda u kamenu čašu.
d) Prelijte još mrvljenim ledom i ukrasite grančicom mente.

ZAKLJUČAK

Dok se opraštamo od "Kuharice o artičokama", činimo to sa srcima punim zahvalnosti za ukusne okuse, stvorena sjećanja i proširene kulinarske horizonte. Kroz 100 ukusnih recepata koji slave srce čička, istražili smo raznolik i divan svijet kuhinje s artičokama, od tradicionalnih favorita do inovativnih kreacija.

Ali naše putovanje ne završava ovdje. Dok se vraćamo u naše kuhinje, naoružani novim znanjem i nadahnućem, nastavimo istraživati, eksperimentirati i stvarati s artičokom kao našim vodičem. Bilo da kuhamo za obiteljska okupljanja, intimne večere ili ležerne obroke u tjednu, neka vam recepti u ovoj kuharici posluže kao izvor inspiracije i užitka.

I dok uživamo u svakom zalogaju dobrote artičoke, prisjetimo se putovanja koje smo dijelili—puta otkrivanja, istraživanja i cijenjenja jednostavnih užitaka dobre hrane. Hvala vam što ste nam se pridružili u ovoj ukusnoj avanturi. Neka vaši kulinarski pothvati budu ispunjeni okusom, kreativnošću i užitkom kuhanja s artičokama. Živjeli u srcu čička i beskrajnim mogućnostima koje donosi na naše stolove.

www.ingramcontent.com/pod-product-compliance
Lightning Source LLC
Chambersburg PA
CBHW070359120526
44590CB00014B/1180